Le isole

Di Elio Veltri
nel catalogo Baldini&Castoldi
potete leggere:

Manifesto per un Paese normale

Elio Veltri

Le Toghe Rosse

Baldini&Castoldi

http://baldini.editore.it e-mail: info@baldini.editore.it

ISBN 88-8490-163-4

Indice

La corruzione è l'arma della mediocrità.

Honoré de Balzac

I corvi nidificano e le rondini se ne vanno.

Dino Buzzati

Potete ingannare tutti per qualche tempo,
o alcuni per tutto il tempo,
ma non potete prendere per il naso tutti
per tutto il tempo.

Abramo Lincoln

Quando si accendono i roghi mettiti
sempre dalla parte della strega
anche a rischio di salire sul rogo con lei.

Indro Montanelli ai giovani

La Banda dei Quattro

Il Capo ha tutte le azioni e quindi potrebbe decidere e fare tutto da solo. Ma in politica non è possibile e poi gli amici lo hanno aiutato a diventare ricco e potente, perciò ha costituito una sorta di consiglio di amministrazione che somiglia a una banda. Per comodità da qui in avanti la chiamerò la banda. Ma con la b maiuscola. Banda è il termine esatto perché la Banda negli affari e nella politica poggia su due pilastri essenziali: la fedeltà e il denaro. Esattamente come la Banda del Capo.

Ne fanno parte Fedele Confalonieri, Marcello Dell'Utri, Cesare Previti. Sono loro che negli anni hanno capito le intuizioni del Capo. Le hanno assecondate. Le hanno difese. Le hanno fatte diventare realtà. Sono loro che sanno. Sanno come il Capo ha messo insieme i primi cento miliardi. Da dove sono arrivati i primi soldi. Sanno dei rapporti politici. Conoscono gli interlocutori. Ma conoscono anche i rapporti inconfessabili e pericolosi. Hanno creduto nel Capo e il Capo li ha gratificati con il denaro e con le cariche. Loro lo hanno corrisposto con il lavoro. Anche quello sporco. La fedeltà. Il rischio personale.

Tutti per uno. Uno per tutti. Come nelle vacanze alle Bermude vestiti allo stesso modo. Facendo jogging con la stessa andatura. Mangiando le stesse cose. Ascoltando la stessa musica. Raccontando le stesse barzellette. Non sono tutti uguali nella Banda dei Quattro. Né per gerarchia. Né per importanza. Né per le cose da fare. Né per i rapporti da tenere. Né sono tutti nel cuore del Capo allo stesso modo.

Fedele, di nome e di fatto, è il compagno dell'inizio dell'avventura, del lavoro piacevole sulle navi per intrattenere ricchi e meno ricchi, dei primi affari, ma tenuto al riparo da quelli rischiosi. È la faccia pulita della Banda. Destinato al comando dell'azienda. Ai rapporti sociali e imprenditoriali. A insegnare ai figli del Capo come si diventa potenti e capi. Diciamo la verità: Previti, con la sua faccia, li avrebbe spaventati a morte! Fedele è rassicurante. Pacione e bonario. Fedele come il suo nome. Ma è un mastino. Fedele, destinato a stare lontano dalla politica perché l'azienda è più importante della politica e poi la politica è sporca. Fedele ha avuto qualche incidente di percorso con la giustizia. Ma è stato salvaguardato e non ha bisogno né della politica né del Parlamento.

Marcello viene dalla Sicilia. È stato da piccolo amico di Mangano e di tanti altri come lui. Conosce le Regole. Marcello è la fedeltà della Sicilianità. Marcello per costruire l'impero del Capo ha fatto di tutto. Ha tenuto rapporti colti, plebei e malavitosi. È un animale a sangue freddo. Ha le stigmate del sottocapo. Ma nel suo ambiente è un Capo. E come tutti i Capi veri non alza la voce. Comanda con la sola presenza o con un cenno degli occhi. Parla per metafore come tutti i Capi che si rispettino. Non chiede perché sa che gli viene chiesto anche quando ha bisogno. È l'unico che con il consenso del Capo si è permesso di fare causa alla Fininvest. E il Capo lo ama al punto che nel processo di Torino ha detto al presidente del tribunale: «Signor giudice, Marcello è indifferente al denaro. Io glielo dico sempre: Marcello non fare come Giorgio Washington che per fare gli interessi dello Stato ha trascurato la sua famiglia». Ho ancora negli orecchi le urla del Capo che mi interrompeva in aula alla Camera mentre stavo chiedendo di arrestare Marcello. Il Capo provava dolore sincero e riteneva intollerabile che io trattassi Marcello come un pregiudicato qualsiasi. Pensate che nella sua Storia Italiana, il Capo non ha messo suo fratello Paolo. Non ha ricordato Bettino. Ma Marcello sì. E come avrebbe potuto fare diversamente? Il Capo e Marcello sono la stessa cosa. Sono BerluscUtri.

Cesare fa parte della Banda, ma col passare degli anni il Capo avrebbe voluto disfarsene. Troppo poco rassicurante per la sua faccia. Troppo venale. Troppo autonomo negli affari. Quando i magistrati ne hanno chiesto l'arresto per l'affare IMI-SIR, trattato in proprio, il Capo era furibondo. Ha cercato di scaricarlo dicendo ai giornali che lui non era l'avvocato di Cesare. Ma poi ha dovuto abbozzare perché Cesare gli ha mandato un messaggio chiaro: «Silvio, vogliono colpire me per colpire te». Come dire: eh no, Silvio, non fare scherzi perché tu e io siamo la stessa cosa. Cesare per la Banda è un male necessario.

I soci. Sono molti. Alcuni fanno i ministri e i sottosegretari: Frattini, Tremonti, Scajola, Lunardi. I soci non hanno azioni. Ma il Capo li gratifica con i soldi e con il potere. Lo studio di Tremonti ha lavorato per la Fininvest e per Mediaset e non credo che gli abbia insegnato come pagare le tasse. Frattini fa arbitrati miliardari, ai quali ha dovuto rinunciare dopo le polemiche scoppiate sui giornali e in Parlamento. Scajola è un miracolato perché da attendente del Capo, dopo aver conosciuto le patrie galere e poi l'assoluzione, è diventato ministro dell'Interno. Il Capo vuole che i soci, soprattutto quelli che si presentano con la faccia pulita e vendono competenze, anche se non le hanno, stiano bene, siano felici. Chiede in cambio fedeltà e solo fedeltà. I soci devono credere (nel

Capo), obbedire (al Capo), combattere (per il Capo), possibilmente contro i pochi magistrati «capatosta» che sono rimasti.

Gli avvocati. Il Capo ne ha sempre avuto bisogno. Ora vive in simbiosi con loro. Se li porta ovunque e se li è portati anche in Parlamento. Gli avvocati gli servono per fottere i giudici. Per consigliarlo. Per difenderlo in tribunale. Per fare le leggi fottigiudici. Per svelargli i trucchi delle proposte degli altri. Dei comunisti. Sì, perché gli avvocati del Capo i comunisti li conoscono bene. Sono stati più comunisti dei comunisti. Finché il Capo non gli ha fatto annusare i soldi e la poltrona a Roma. Ci sono gli avvocati e l'Avvocato. Contestabile, Saponara, Taormina, Trantino sono gli avvocati. Ma l'Avvocato è lui, Pecorella. Della cultura comunista e gruppettara ha conservato il sacro disprezzo per le regole. Le regole sono lo Stato e l'Autorità costituita. E lui è contro, come lo fu durante il terrorismo. Tra un trafficante e un magistrato sceglie il primo. È di testa fina. Conosce le leggi e i cavilli. Va a letto con i codici. Soprattutto se li commenta lui. È civile. Cortese. Parla con un filo di voce perché gli altri devono avere interesse ad ascoltare. Si fa ascoltare e ammirare. Ti fotte con il sorriso. È l'artefice della nuova strategia per salvare il Capo, la banda, i soci che sono nei guai con la giustizia. Si approvano in cento giorni le leggi necessarie e si fanno diventare il Capo e gli altri, innocenti e candidi come gigli e poi i magistrati, anche i comunisti, che sono la maggioranza, le applicheranno in silenzio. E il gioco è fatto. Cesare non è molto d'accordo perché sa bene che solo lui rischia di rimetterci le penne. Ma il Capo sta con l'Avvocato e ha deciso. A questo punto Cesare deve fare buon viso a cattivo gioco.

I chierici. Sono importanti. Il Capo li ascolta. Se ne innamora. Anche perché, i più falsi gli fanno credere che cammina sulle acque come nostro Signore. È più bravo di Napoleone. Fa le leggi, mentre Mosè era solo un «passatavole». Gli hanno insegnato che mentre i poveri arabi hanno avuto solo Averroè, i cristiani hanno dettato legge in tutti i campi. Va di moda il prete, Don Baget, che ama più la sua vanità e gli uffici di Palazzo Chigi che Santa Romana Chiesa. Il prete ha sempre fatto il «consigliori» dei potenti. Prima di Craxi. Ora del Capo. Ma li vuole corrotti. Altrimenti non può redimerli. E che prete sarebbe? Ferrara è un chierico di razza. Colto e intelligente. Aduso alle dispute della sinistra, quella comunista, aspira a fare il segretario di Forza Italia e del partito di D'Alema. In subordine mantiene le mani libere per i momenti nei quali la Storia chiama.

Il Capo è ricco. Generoso. Ha il sorriso da lifting. Fa i miracoli. Ha inventato il più grande partito italiano basato su due pilastri: fedeltà e denari. Su una cosa non transige: chi diventa socio resta dentro e non esce più. Gliel'ha insegnato Marcello e si è trovato bene. Non si capisce come D'Alema e tutti gli altri non si siano accorti che con il Capo era impossibile discutere e lavorare per il bene della Repubblica.

Il Grande Imbroglio

Il Paese è l'Italia, a cavallo fra gli anni Ottanta e Novanta. Ha fatto grandi progressi, ha una ricchezza nazionale consistente, un benessere diffuso, una democrazia consolidata. Ma soffre di qualche male: partiti che hanno occupato lo Stato, scarso funzionamento delle istituzioni, pubblica amministrazione inefficiente e poco trasparente, corruzione politica, burocratica e imprenditoriale estesa, mafie e criminalità organizzata pericolose che controllano intere regioni, che quando lo ritengono necessario uccidono alcuni tra i migliori servitori dello Stato. Il Paese dell'Illecito, l'ha definito Calvino, nel quale solo gli Onesti si pongono sempre problemi. Quel Paese, però, ha, non si sa per quanto tempo ancora, una caratteristica assolutamente unica e inquietante: la magistratura gode di assoluta autonomia e i magistrati sono inamovibili. Lo prevede la Costituzione. Ora, in quel Paese, se la magistratura che conta è comunista e si mette in testa di portare al governo i comunisti, che non ci sono mai riusciti con le elezioni, cosa fa? Ingrandisce o addirittura inventa episodi diffusi di corruzione, presenta la criminalità organizzata e le mafie come un pericolo per la democrazia, indaga i politici e gli imprenditori democratici con metodi inquisitori e in poco tempo travolge un'intera classe dirigente utilizzando lo strumento del carcere e delle confessioni violente. Poi, attraverso governi di transizione, che costituiscono una sorta di cavallo di Troia, spiana la strada al Capo dei comunisti e il gioco è fatto. Sembra il racconto di un paranoico grave ricoverato in un ospedale psichiatrico. Invece è quanto dal 1994 Silvio Berlusconi, il Cavaliere, ha raccontato agli italiani per costruire il Grande Imbroglio. E c'è riuscito.

Processo agli anni Novanta

Processare gli anni Novanta, o meglio le inchieste degli anni dal 1992 al 2000 di alcune Procure, è stata la parola d'ordine, lo scopo dell'esistenza quotidiana, l'imperativo categorico del Cavaliere, che Altan, con ineguagliabile umorismo, ha ribattezzato il «Cavaliere S. Banana». Contro le Procure che hanno inquisito Lui e i suoi amici più fidati, quelli della Banda dei Quattro, legati da vincoli che come un patto di sangue non si possono sciogliere, il Cavaliere ha impegnato tutta la potenza di fuoco delle televisioni, dei giornali e del denaro: tre quarti dell'informazione nazionale, compresa la «sua» quota Rai, e la ricchezza più grande del Paese. Il tutto per coprire il Grande Imbroglio, che gli è riuscito alla perfezione: convincere il Paese che la magistratura ha inquisito i politici, ha manovrato e falsificato le inchieste, ha «condannato senza prove», per portare i comunisti al governo. Mai come in tutta questa vicenda, che sembra surreale, la televisione si è dimostrata un mezzo micidiale, capace di nascondere verità e fatti reali e di inventare fatti e menzogne inesistenti. Ma la televisione al servizio del Cavaliere non sarebbe riuscita, se le forze politiche che avrebbero potuto e dovuto impedirlo e che oggi si rendono conto degli errori commessi, non avessero lasciato correre per sottovalutazione, per errore, per mancanza di coesione e di solidarietà e, qualche volta, per viltà. Così, la democrazia, che secondo una magnifica definizione di un sociologo americano dovrebbe essere un'arena nella quale si entra lasciando fuori il portafogli e la pistola, è diventata una corrida che si combatte a suon di miliardi e di spot televisivi, ben più pericolosi di una pistola.

L'Imbroglio è stato così grande e tanto bene architettato che, se un osservatore di un altro Paese fosse venuto in Italia senza conoscerne le vicende e le avesse seguite dal 1994 fino a oggi attraverso gli organi di informazione, si sarebbe convinto che, davvero, all'inizio degli anni Novanta, un manipolo di magistrati «rossi», disposti a tutto pur di rovesciare i governi legittimi eletti dal popolo e portare i comunisti al potere, hanno inventato di sana pianta un enorme impianto di corruzione e di criminalità, attribuendone le responsabilità ai rappresentanti del popolo, i quali si considerano eredi di coloro che avevano garantito lo sviluppo del Paese e le libertà democratiche.

I giornalisti non vedono, non sentono, non parlano

Eppure, chiarire quanto è avvenuto, è semplice. A due condizioni però: che i giornalisti si ricordino che in una società democratica il giornalista è «gli occhi, le orecchie e la bocca della società», e che si facciano le domande giuste e si pretendano le risposte da quanti hanno organizzato l'Imbroglio, primo fra tutti il Cavaliere S. Banana.

Le domande, che nei salotti di Vespa e di Costanzo, dove il Cavaliere, giocando in casa, ha scommesso sulla campagna elettorale, non sono state mai fatte, anche perché Lui vuole conoscerle prima e spesso le ignora e si abbandona a monologhi deliranti che il giornalista di turno non osa interrompere. Nessun giornalista degno di questo nome ha osato porgli qualche domanda sul modo in cui si è arricchito; sui suoi rapporti con Vittorio Mangano, mafioso di rango al servizio di Totò Riina, ospitato ad Arcore per due anni; sul perché fino al 1994 abbia fatto il tifo per i magistrati del Pool, tanto da offrire a Di Pietro il ministero dell'Interno nel suo primo governo, e poi si sia convinto che quei magistrati erano dei volgari persecutori comunisti che agivano per fini politici; sulla sceneggiata del «cimicione» collocato nel salotto di casa per spiarlo, poi rivelatosi un bluff costruito in famiglia, ma che Violante prese tanto sul serio da convocare la Camera in seduta straordinaria e parlare di attentato alla Costituzione; sul famoso avviso di garanzia di Napoli, che a Napoli non è mai stato inviato, e che gli ha consentito di crearsi un alibi, sfruttato fino a oggi. Tutto questo è stato possibile perché sempre, e non solo da Vespa e da Costanzo, davanti alle telecamere, le analisi e i fatti sono stati sostituiti dalle accuse e dai processi, e solo ad alcuni magistrati: le «Toghe Rosse». Per cui nessuno, allargando il ventaglio delle domande, si è mai preoccupato di chiedere al Cavaliere S. Banana se la corruzione c'era davvero, se e quanto aveva devastato le finanze pubbliche, contribuendo ad accumulare il debito pubblico, a inquinare la pubblica amministrazione facendone un colabrodo di inefficienza, ad aprire buchi, diventati presto voragini, nelle banche più importanti e maggiormente legate al potere dei partiti, a favorire la degenerazione dei partiti in partitocrazia, a privilegiare gli incapaci e i raccomandati per i posti pubblici e privati, pagati con stipendi e parcelle da capogiro, a facilitare l'elezione, anche nel Parlamento della Repubblica, di quanti avevano il portafogli pieno di banconote rubate. A nessuno nei salotti televisivi è venuto in mente di chiedere al Cavaliere S. Banana se nel Mezzogiorno, per caso, criminalità mafiosa e corruzione non costituissero due facce della stessa medaglia. Se la crisi di investimenti, di occasioni di lavoro e di occupazione nel Mezzogiorno non fosse dovuta, in primo luogo, a mancanza di livelli accettabili di legalità e di sicurezza. Se la corruzione delle coscienze non fosse figlia della corruzione e della degenerazione delle istituzioni, dell'amministrazione e dei partiti. Se la crisi del patto sociale tra i cittadini e le istituzioni non dipendesse in qualche modo dalla caduta verticale dei valori che consegue al marciume della compravendita di tutto: concessioni dello Stato, licenze, titoli di studio, posti di lavoro e persino un posto letto in ospedale. Nessuno gli ha chiesto se nell'assassinio di alcuni dei migliori e più limpidi servitori dello Stato esistano responsabilità morali di quanti hanno trescato con chi, investito di uffici, ha commesso «baratteria» e ha «ingannato, beffato e barattato la Repubblica, la quale froda», Dante, «punisce nella quinta bolgia dell'ottavo circulo» senza sentenza passata in giudicato e ignorando la legge Saraceni-Simeone.

I nostri «grandi» giornalisti che hanno avuto la fortuna di intervistare (si fa per dire) il Cavaliere S. Banana, le domande non le hanno fatte, ma le risposte ci sono eccome! Per evitare di essere accusati di volere fare i «demonizzatori» a tutti i costi, le risposte le lasciamo ai diretti interessati, i quali, prima della folgorazione del Cavaliere sulla strada delle inchieste riguardanti la Fininvest, hanno cavalcato la santa rivoluzione dei giudici.

Il Cavaliere S. Banana e la corruzione

La corruzione, male antico del Paese, era onnivora. Il Cavaliere lo sa bene perché dice di averla pagata a caro prezzo, ogni volta che ha avuto bisogno per le sue aziende: «Le tangenti? Altro che fiutate. Me le hanno chieste. C'era un sistema inaccettabile e ho visto che non si poteva starne fuori». Poi però nega persino la paternità della All Iberian, attraverso la quale sono transitati miliardi di tangenti. «Siamo stati costretti a pagare da un'associazione a delinquere come la Guardia di Finanza», urla il Cavaliere a sua discolpa. Poco importa se poi la Cassazione ha dimostrato che sono stati i suoi più stretti collaboratori a corrompere la Guardia di Finanza. Ma tant'è. L'importante è che la televisione di Famiglia aiuti a ottenere lo scopo facendo passare per vittime i corruttori. Tanto, a nessuno dei giornalisti che imperversano davanti alle telecamere, accomodanti e ossequienti, viene in mente di chiedergli: «Scusi, lei insiste nel dire che siete stati costretti a pagare, ma la Cassazione, che pure l'ha assolta, dice il contrario e ha condannato i suoi collaboratori per corruzione. Non pensa che si tratti di collaboratori infedeli i quali hanno tradito la sua fiducia e l'hanno esposta a delle pessime figure in Italia e all'estero? Come mai se li tiene e non li licenzia e addirittura, uno di loro, Berruti, l'ha fatto rieleggere in Parlamento?» Sarebbe stato così difficile fare la domanda che ogni giornalista avrebbe fatto in qualsiasi Paese democratico? È una domanda che sa di provocazione? La verità è che i nostri giornalisti, tranne alcune eccezioni, sono dimezzati, «venduti e comprati» come i loro giornali, e molti di quelli che lavorano in televisione hanno scelto il Cavaliere come editore, anche se prendono lo stipendio dal servizio pubblico.

«Sono sempre stato schiavo del Principe: un anno fa stavo aspettando le concessioni», ripete il Cavaliere nel terremoto di Mani Pulite e già pensa come tifare per il Pool per tenersi fuori dalla tempesta. Più volte ha detto che i partiti, quegli stessi partiti che ora eleva a vittime sacrificali delle toghe comuniste, non gli davano tregua. «Il sistema è crollato e noi siamo più liberi, perché abbiamo già avuto le concessioni», faceva sapere, con grande sollievo. Italianamente, dunque, era già pronto a cambiare casacca e padrone. Infatti, il sistema crolla e Lui pensa soltanto alle sue concessioni. Ora, con grande soddisfazione, se le dà da solo: alla faccia del conflitto di interessi! Insomma, Mani Pulite per il Cavaliere è stata una manna dal cielo e noi non l'avevamo capito perché, come ha detto Indro Montanelli, che lo conosceva bene, è uno che «chiagne e fotte» a seconda del luogo, delle circostanze, ma, soprattutto, delle sue convenienze. «La vecchia classe politica italiana (quella che è stata fatta fuori dalle Toghe Rosse!) è stata travolta dai fatti (ma come? Non era stata travolta dai giudici rossi?) e superata dai tempi. L'autoaffondamento dei vecchi governanti, schiacciati dal peso del debito pubblico e dal sistema di finanziamento illegale dei partiti, lascia il Paese impreparato e incerto nel momento difficile del rinnovamento e del passaggio a una nuova Repubblica. Mai come in questo momento l'Italia, che giustamente diffida dei profeti e dei salvatori, ha bisogno di persone con la testa sulle spalle e di esperienza consolidata, capaci di dare una mano per far funzionare lo Stato.» Sembrano le parole di un incallito «giustizialista» che fa l'occhiolino alla Procura di Milano. E invece è il Cavaliere S. Banana che parla così e spiega la «discesa in campo». Un vero Fregoli della situazione. Uno Zelig che ha imparato il mestiere cantando sulle navi canzoni d'amore per le signore in cerca di compagnia e vendendo sogni, come aveva venduto i compiti in classe ai compagni di scuola.

Fazio si morsica la lingua

Ma il Cavaliere non era il solo a lamentarsi per la voracità dei partiti che lo taglieggiavano e per la corruzione che imperversava. Sentite questa: «Forme di corruzione diffusa nei rapporti tra imprese e sfera pubblica hanno gonfiato la spesa, leso il buon funzionamento del mercato, ostacolato la selezione dei fornitori e dei prodotti migliori. L'entità di questa tassazione impropria, che da ultimo ricade sui cittadini, è di una gravità che sgomenta». Chi l'ha detto? Quel «demonizzatore» di Sylos Labini? Ma no! È stato il governatore della Banca d'Italia, Antonio Fazio, che poi si è morsicato la lingua per averlo detto e ha continuato a parlare un giorno sì e l'altro pure, tanto da sembrare un vecchio disco che gracchia, di flessibilità e solo di flessibilità. E pensare che aveva ragione! I prezzi degli appalti – a causa delle tangenti, della inefficienza della pubblica amministrazione, dei tempi lunghi per mettere d'accordo tutti quelli che pensavano di dover partecipare alla rapina della Repubblica – erano aumentati enormemente. Tanto che negli appalti banditi dopo Mani Pulite il prezzo pagato dagli enti pubblici è calato del 40-50 per cento: ad esempio, dai 300-350 miliardi al chilometro per la realizzazione della metropolitana milanese si è scesi a 150- 250 miliardi, da 83 a 40 miliardi al chilometro per il passante ferroviario, dai 5000 stimati ai 1990 miliardi effettivi spesi per il completamento di Malpensa 2000 («Corriere della Sera», 21 gennaio 1997, p. 5). Come mai? Proprio perché un esercito di cavallette si arricchiva a spese dei cittadini, la maggioranza, che pagava la tassa «impropria», come aveva affermato il governatore che poi è stato colto da amnesia. A chi andava la fetta più consistente del bottino? Agli imprenditori. Ne hanno dovuti sborsare di soldi i cittadini con le varie Finanziarie per sanare i conti pubblici e perché il Paese potesse rispettare i parametri di Maastricht, per non rimanere fuori dall'euro! Aveva proprio ragione il Cavaliere nel dire che la classe dirigente della prima Repubblica aveva accumulato un debito pubblico da fare paura, tanto che se fosse stata un'azienda privata, l'Italia, avrebbe dovuto portare i libri in tribunale per fallimento. Se si guarda il grafico del debito dagli anni dal 1981 al 2000, la curva è impressionante: l'indebitamento netto delle pubbliche amministrazioni che nel 1981 era stato circa il 12 per cento del Prodotto interno lordo, dopo la cura delle Finanziarie degli anni Novanta, nel 2000, si è ridotto all'1,5 per cento del Prodotto interno lordo.

Tremonti si ama e alla fine si concede

«L'Italia è, in Europa, il Paese più statizzato, più indebitato, più corrotto. Nell'esperienza storica, i grandi debiti pubblici sono normalmente il prodotto delle guerre. L'Italia non ha perso una guerra ma, per effetto del debito pubblico, è come se avesse perso una guerra: uguali sono infatti il declino della speranza e lo spettacolo di devastazione e alterazione dei rapporti tra classi sociali e aree geografiche, di inquinamento della politica, di putrefazione e paralisi dei maggiori centri amministrativi, di sovvertimento delle ragioni dello Stato. In Italia, un debito pubblico accumulato in uno stock che va ormai oltre 2,2 milioni di miliardi, crescente a un tasso di 237 milioni al minuto, di 14 miliardi all'ora, di 342 miliardi al giorno, si è trasformato in deficit di democrazia.» No, non è Flores D'Arcais che parla così per giustificare il suo «giustizialismo». È Giulio Tremonti, che sotto sotto ha sempre guardato con simpatia a Mani Pulite e ha cercato di capire come soffiava il vento prima di decidere se restare con Berlusconi. Insomma, per il Superministro dell'Economia, che aveva trovato il buco che non c'era, con l'aiuto di Fazio, spesa facile e mazzette facili stavano liquidando la democrazia. Per fortuna, dice il Superministro, è arrivata «Tangentopoli» e il fatto che «l'indice di popolarità di "Tangentopoli" stia calando non toglie nulla alla sua compiuta consistenza di fatto storico». Ma Tremonti, preso dall'entusiasmo, non si accontenta e vuole strafare. «In venti anni di democrazia del deficit si è accumulato un enorme stock di crimini politici ed economici, allora non prevenuti e ancora non scoperti e ciò non è stato causato tanto da un deficit del potere giudiziario, quanto (soprattutto) dall'innaturale surplus di forza politica espresso dalla coppia democrazia bloccata/partitocrazia strutturata.» Se non conoscessi Tremonti da trent'anni, se non fosse il mio dirimpettaio di casa e non lo avessi nominato presidente del Consiglio tributario del comune di Pavia, quando ne ero sindaco, mi verrebbe il sospetto che è stato pagato per recitare la parte. Invece no. Lui le cose che ha scritto le pensava davvero, ma non aveva messo in conto che per diventare Superministro dell'Economia, se le sarebbe dovute rimangiare e avrebbe dovuto sposare la tesi del complotto giudiziario-comunista, ossessione del Padrone che gli ha dato il posto.

Tremonti non sbaglia: rubavano così tanto da portarci alla rovina e la conferma ce la danno alcuni dei grandi ladroni, i quali, pensando di giustificarsi, hanno sempre detto che i furti erano necessari per finanziare la politica. Come se rubare per il partito, molte volte, non fosse più grave e non avesse conseguenze più devastanti che rubare per sé. Con questa storia bisogna davvero finirla una volta per tutte. Rubare per il partito significava rubare cento volte di più: se era un'opera pubblica costava venti volte di più e spesso la si poteva utilizzare quando ormai era obsoleta e se era una lottizzazione devastava il territorio e l'ambiente e il danno era in ogni caso molto più grave di una tangente personale. Ormai è chiaro a tutti che loro rubavano per il partito, per sé e per le loro famiglie, ufficiali e non, almeno fino alla terza generazione.

Erano ladri

Stabilito che la Repubblica basata sul lavoro era diventata la Repubblica basata sulle tangenti e sulle falsificazioni dei bilanci necessarie per poterle distribuire, non è inutile quantificare in cifre i furti e ricordare su che cosa e su chi si rubava, quali erano le istituzioni e le prede preferite, chi se ne avvantaggiava e come, chi se la godeva e dove, alla faccia di quanti continuavano a lavorare, a pagare le tasse e a insegnare ai figli che bisogna essere cittadini onesti. Nel solo 1991, anno precedente all'inizio di Mani Pulite, secondo i dati dell'economista Deaglio, che considero per difetto, le tangenti erano state di 5,5 mila miliardi circa. Nel decennio precedente, la somma rubata si aggirava sugli 80 mila miliardi. Ora, tenuto conto che il deficit di bilancio dello Stato nel 1991 era stato di 150 mila miliardi, da sole, le tangenti di quell'anno rappresentavano, insieme agli interessi sul debito cumulato a causa delle tangenti sborsate dal 1980 in poi, il 15 per cento del deficit complessivo. Altro che tassa impropria! Parlare di rapina a tangente armata è molto più appropriato. Gian Antonio Stella ha scritto: «Non dimenticate che erano ladri», e con la consueta pignoleria ha passato in rassegna un campionario di furti. Edoardo Longarini, da Ancona, detto «Al Cafone», riusciva a ottenere dall'Anas rincari dei prezzi fino al 258 per cento per le opere di sbancamento e del 477 per cento per le fondazioni da 0 a 2 metri. Insomma, solo trafficando in cocaina avrebbe potuto lucrare di più. Poggiolini, che rubava sulle medicine per le quali gli anziani e la povera gente pagavano il ticket, ha partecipato a un giro di affari costato alla collettività, cioè a tutti noi, almeno 15 mila miliardi, trattenendone circa 250, con la complicità della sua signora che al contrario di Dracula, beveva il sangue della povera gente. E non era certo il solo. Si impegnava a delinquere con illustri professori universitari, che, parlando sempre di scienza e di ricerca, si comportavano come grassatori insieme e a cottimo con quel galantuomo del ministro De Lorenzo, premio Nobel (del furto) mancato, il quale, poveretto, anche lui perseguitato politico, andava a mangiare nei ristoranti alla moda, sperando di non essere riconosciuto, e, davanti alle telecamere, si presentava con la faccia sofferente e la barba lunga. Gli stadi per i mondiali del 1990 sarebbero dovuti costare 3833 miliardi: ne sono costati 7320 cioè almeno 11 mila di oggi. Questi sono veri casi di rapina a tangente armata, giustificati sempre con i costi della politica, pilastro essenziale della democrazia.

Il curriculum giudiziario per far carriera

Ora sono diventati tutti eroi perché perseguitati dai giudici rossi e sono grati al Cavaliere perché li ha sdoganati rimettendoli in circolazione. Il clima è questo: se vuoi fare carriera ti chiedono il curriculum, ma non quello professionale del quale non gliene può fregare di meno. Vogliono il curriculum giudiziario, e se risulti incensurato storcono il naso e non fai carriera. Insomma, un paio di arresti, una condanna per falso in bilancio o per corruzione, costituiscono il biglietto da visita ideale. Se non ti ha «perseguitato» almeno una Toga Rossa, non conti. Un giorno, alla Camera, Gerardo Bianco mi ha detto: «Io non conto un ca... e sai perché? Non ho mai ricevuto nemmeno un avviso di garanzia». Il professore scherzava. Ma non più di tanto.

Rubano sempre per il Partito

Quando raramente hanno preso dei politici con

le mani nel sacco o sono arrivati a loro con prove inconfutabili, la risposta è stata sempre la stessa: «Sì, è vero, ho avuto 10 miliardi di contributi, ma tutti per il Partito. Guardi che io faccio una vita modesta. Chieda. Chieda pure». Il Partito era la giustificazione di tutto. E se il magistrato dava l'impressione di crederci, si sentivano più leggeri, quasi senza reati addosso. Paolo Cirino Pomicino, che è ritornato alla ribalta, ha insegnato a Previti come si fa a non farsi processare e ha convinto gli altri che se una volta su dieci ti assolvono, sei innocente, perché tanto le condanne non contano. Per difendersi, ha detto che la Dc costava 100 miliardi all'anno, che quel gran signore di Citaristi era costretto a trovare per far vivere il partito. «Solo la mia corrente, a Napoli, costava 600 milioni e alle elezioni per essere competitivo avevo bisogno di 2 miliardi», dice l'ex ministro. E lo afferma come se glielo avesse ordinato il medico di rubare per diventare deputato. Ma non è finita. «Solo per la Dc, un'elezione costava come minimo 200 miliardi. Pci e Psi avevano bisogno almeno di 7-800 miliardi per ogni legislatura. Gli industriali lo sapevano e pagavano spontaneamente», dice il Nostro. È sottinteso che i soldi venivano dalle mazzette e che la bella vita, le belle donne a disposizione anche degli sgorbi di natura, le vacanze esotiche, le case nei luoghi di villeggiatura più esclusivi, le cameriere, i maggiordomi, le Ferrari per i figli e le amanti, facevano parte del budget. Il Partito, insomma, era il parafulmine di tutto.

Bettino Craxi non è da meno. Per difendersi attacca: se finanziarc i partiti, violando la legge, significava rubare allora eravamo tutti ladri. Per cui: tutti ladri nessun ladro.

Il fabbisogno annuale del Psi era di 100 miliardi circa. Il finanziamento pubblico ne copriva 11. Gli altri bisognava trovarli. Solo la segreteria romana di Balzamo, scrive Craxi, costava 200 milioni al mese, ai quali bisognava aggiungere le spese per il collegio, dove «funzionavano strumenti di propaganda di una certa importanza». Ma Craxi, quando da Hammamet bombardava di fax le redazioni di giornali e delle televisioni, ha fatto sapere anche che Martelli aveva in affitto, pagata dal partito, con i soldi delle tangenti, una bella villa sull'Appia. Il bello è che dopo avere rubato a man bassa, per usare una battuta colorita di Rino Formica, il convento era sempre più povero e i monaci sempre più ricchi. L'«Avanti» ha chiuso nonostante il finanziamento pubblico, la sede di via del Corso è stata sigillata a causa dei debiti, i dipendenti sono rimasti senza stipendio e uno come Maurizio Raggio dispone di decine di miliardi che non ha certo accumulato con le mance del locale notturno di Portofino. Allora c'è da chiedersi: ma quelle montagne di banconote rubate per fare politica, difendere la democrazia, sostenere i movimenti di liberazione, che fine hanno fatto? Per favore, si recuperi almeno il buon gusto di non raccontare balle. La verità è che, come in molti Paesi comunisti e dell'Africa, anche nel nostro Paese, una Nuova Classe viveva in una sorta di zona franca, di extraterritorialità illegale, governata proprio da chi era eletto dal popolo per fare le leggi. Ma loro le facevano e non le rispettavano, a cominciare da quelle sul finanziamento dei partiti, così come è stato ampiamente dimostrato. D'altronde, non esiste un vecchio proverbio che dice che chi va al mulino si infarina?

Per mettere da parte i soldi delle tangenti era necessario falsificare i bilanci e costituire depositi di fondi neri, possibilmente nei paradisi fiscali. Le imprese più abituate a pagare tangenti si erano specializzate. Sappiamo che l'hanno fatto tutti i grandi gruppi pubblici e privati. Cesare Romiti (anche lui perseguitato? Ma i fan del Cavaliere non dicono sempre che la Fiat è stata risparmiata?) è stato condannato per falso in bilancio e la condanna gli è costata non poco perché ha dovuto rinunciare alla poltrona nel salotto buono di Mediobanca. La Fininvest del Cavaliere meriterebbe l'Oscar dei bilanci falsificati. D'altronde, dopo avere negato e scaricato sugli altri, primo fra tutti il fratello Paolino, le responsabilità, l'ha ammesso candidamente in più occasioni: «Non ho danneggiato nessuno». «Dovevamo farlo per pagare meno tasse», ha ripetuto il Cavaliere S. Banana, quando i magistrati di Milano e di Madrid hanno scoperto una Fininvest occulta e parallela che ha nascosto, sottraendoli ai bilanci ufficiali, ben 1500 miliardi in fondi neri. «Venivamo taglieggiati da quei delinquenti della Guardia di Finanza», insiste il Cavaliere e a conferma raccontava la barzelletta del commerciante che sente bussare alla porta e domanda: «Chi è?» «Aprite, è una rapina», rispondono dall'altra parte. Allora il commerciante tira un sospiro di sollievo e dice: «Meno male. Credevo che fosse la Guardia di Finanza». La falsificazione dei bilanci in America, che è la terra più amata dal Cavaliere, viene condannata con le manette e Lui lo sa bene. Ma in Italia se la magistratura, che non accerta più del 10 per cento dei reati societari e contro la pubblica amministrazione, indaga, diventa persecuzione politica. E quando le cose si mettono male il Cavaliere si fa la «sua» legge sul falso in bilancio e azzera i processi a suo carico.

Il Mezzogiorno e il binomio Corruzione-Criminalità

Se la corruzione, il Paese l'ha pagata con ritardi gravissimi riguardanti l'ammodernamento e l'efficienza dei servizi civili, delle infrastrutture ferroviarie e metropolitane, l'aumento dei costi delle aziende, le distorsioni del mercato e della concorrenza, tutto questo è ancora poco di fronte ai guasti prodotti dalla miscela Corruzione-Criminalità organizzata nel Mezzogiorno d'Italia. Da anni va avanti la storiella secondo la quale lo sviluppo del Mezzogiorno, le opportunità di lavoro e l'occupazione dipenderebbero dalla maggiore flessibilità del lavoro e da una minore tassazione delle imprese. Secondo il governo, la Confindustria, i politici, la legalità non c'entra o c'entra poco e costituisce una sorta di variabile indipendente. Un giorno, uscendo dall'Hotel Cavour di Napoli, il cameriere più anziano, che evidentemente aveva visto l'ennesima trasmissione televisiva o aveva letto l'ultima dichiarazione del governatore della Banca d'Italia sulla flessibilità, secondo San Tommaso D'Aquino, mi ha detto: «Onorè, qua parlano sempre e' flessibilità. Ma io so' flessibile da una vita. Ci sono nato con la flessibilità». Quel cameriere aveva capito più di tanti politici, i quali o sono proprio stupidi o non vogliono parlare di legalità perché sarebbe troppo rischioso. Per operare ci vuole il chirurgo. Per far volare l'aereo ci vuole il pilota. Per fare un'impresa ci vuole l'imprenditore. E se lo Stato imprenditore si ritira, com'è avvenuto, ci vuole l'imprenditore privato. Ora, come i fatti dimostrano, gli imprenditori privati rischiano i loro soldi solo dove esistono condizioni favorevoli: livelli accettabili di legalità e di sicurezza per le imprese, per i familiari, per se stessi; trasparenza ed efficienza della pubblica amministrazione; sistema bancario disponibile e che non pratica tassi da usura o, peggio, che non è legato agli usurai; sviluppo civile, culturale e formazione professionale elevati; infrastrutture funzionanti; centri di ricerca; ambiente gradevole. Se questi ingredienti mancano, è difficile che un imprenditore di un altro continente, di un altro Paese o di un'altra regione, prelevi alcune centinaia di miliardi dalla sua banca e investa dove rischia tutto: la tranquillità, le abitudini a una buona qualità della vita, i soldi, la sicurezza. Infatti, l'Italia è agli ultimi posti in Europa per investimenti provenienti da altri continenti e il Mezzogiorno agli ultimi posti in Italia. Agli imprenditori, sia ben chiaro, gli incentivi fiscali e finanziari e la flessibilità interessano eccome, ma non sono questi a farli decidere se andare o meno nel Mezzogiorno. Nel 1996 «Mondo Economico» fece un'inchiesta dal titolo

Sondaggio tra gli imprenditori: perché non vanno al Sud. Il crimine costa. Il settimanale aveva intervistato 231 imprenditori di tutte le regioni, riportandone nomi e cognomi, e le loro risposte sulle priorità furono chiare. Primo: lotta alla delinquenza organizzata. Secondo: pubblica amministrazione efficiente. Terzo: una nuova politica infrastrutturale. Due anni dopo, la Commissione Bilancio della Camera ha affidato a Giuliano Amato, prima che diventasse ministro nel governo D'Alema, l'incarico di predisporre un rapporto sul Mezzogiorno. Amato ha raccolto le opinioni e le proposte dei più noti economisti che da anni si occupano del Mezzogiorno, di sociologi e di commis dello Stato e dell'Unione europea, di orientamento politico diverso: centro, destra e sinistra. Le conclusioni sono state largamente convergenti e simili a quelle degli imprenditori intervistati da «Mondo Economico». Ricordo che uno degli intervistati era il professor Brunetta, che aveva scritto un bel libro intitolato *Sud* nel quale affermava che nel Meridione era necessario investire in legalità, cultura, scuola e società civile. Lo cito perché spesso poi, com'è avvenuto per Brunetta, alcuni si accasano scegliendo cattive compagnie, vanno in televisione e sostengono posizioni diverse o contrastanti perché la Casa Madre lo richiede. Il rapporto di Amato si apre con una citazione di Giustino Fortunato, il quale nei primi anni del Novecento, scriveva che era illusorio pensare che sarebbe stato sufficiente stanziare finanziamenti per una o due legislature per risolvere i problemi del Mezzogiorno. E Salvemini, sulle colonne di «Critica sociale» del 1904, scriveva un saggio a puntate sulla riforma federale dello Stato, che comporta una forte etica della responsabilità, affermando che era più necessaria al Mezzogiorno che al Nord del Paese. Guido Dorso, negli anni Trenta, in polemica con i comunisti e con Gramsci, scriveva che parlavano sempre di rivoluzione sociale mentre si sentiva il bisogno di una rivoluzione politica che adeguasse le istituzioni e la rappresentazione della realtà economica. I grandi meridionalisti non piagnoni, rappresentanti del meglio della cultura liberal-socialista, avevano chiarissimo in testa che etica pubblica, legalità, sviluppo civile, riforma delle istituzioni e della politica, erano più necessari degli incentivi economici e che la «via fiscale e finanziaria» da sola avrebbe aggravato la situazione, perché i soldi sarebbero finiti in operazioni clientelari nella migliore della ipotesi e nelle tasche della criminalità, come era sempre avvenuto e come le inchieste, a cominciare dall'inchiesta Saredo a Napoli, avevano ampiamente dimostrato. D'altronde, è sufficiente scorrere i titoli dei giornali degli ultimi anni per rendersi conto che senza legalità non ci sarà sviluppo: «Il crimine frena l'impresa» («Il Sole-24 Ore», 7 agosto 2000); «Trasparenza, Italia bocciata, una tassa occulta del 15 per cento grava sulle imprese» («la Repubblica», 5 marzo 2001); «La criminalità frena un'azienda su tre» («Corriere della Sera», 29 maggio 2001); «Il Pil frenato dalle inefficienze» («Il Sole-24 Ore, 11 settembre 2001).

Più chiaro di così si muore. E dato che i soldi ce li devono mettere loro, gli imprenditori, non si capisce perché non se ne vuole tenere conto, non se ne vuole nemmeno parlare e si raccontano tante balle sulla flessibilità e sul sesso degli angeli.

Lunardi propone, la mafia dispone

Come la garantiamo la legalità? Con la ricetta Lunardi di «convivenza» con la mafia? E con chi? Con i grandi collettori mafiosi di voti che assicurano il pieno nei collegi elettorali e li vendono al migliore offerente, come facevano con Salvo Lima? E una pubblica amministrazione efficiente la costruiamo in un clima di violenza e di intimidazione nel quale le regole sono un optional irriso e deriso, come diceva, con linguaggio colorito e padronale, il vecchio mafioso-costruttore Vassallo, all'assessore all'urbanistica dell'epoca di Palermo: «Io nun chianavi mai sti scale pecchi a mia le licenze le mannanu a casa». E la nuova politica infrastrutturale la facciamo con le imprese mafiose e col nuovo ministro dei Lavori pubblici di Cosa Nostra che ha sostituito Siino e che sicuramente è un grande esperto di Internet, per cui, per spartirsi gli appalti, non ha più bisogno nemmeno di mettere intorno «u tavolino» le imprese e i politici? Al Sud, di soldi ne sono arrivati molti. Ma con i soldi sono arrivate tante menzogne che hanno alimentato degrado morale oltre che fisico, disprezzo per le regole, qualunquismo, fatalismo, clientelismo, diffidenza verso lo Stato e la giustizia.

Il fatturato delle mafie

I dati sul fatturato (300 mila miliardi all'anno: tanto costano le pensioni) e sui patrimoni (2 milioni di miliardi) della criminalità organizzata forniti dallo studio della Confcommercio, il controllo che esercita sul territorio impedendo l'esercizio dei diritti più elementari, la capacità di impossessarsi di fette di economia legale, di riciclare denaro sporco, di vincere appalti, di sottrarsi alla confisca dei beni (11 anni di media e meno del 10 per cento di quelli sequestrati), di infiltrarsi nelle regioni che ne sembrano immuni, fanno accapponare la pelle. Il procuratore della Repubblica di Messina, stimato da tutti, ha dichiarato alla Commissione antimafia che il Policlinico di quella città «è ancora feudo dei calabresi» e il Rettore dell'Università è stato costretto a inviare le pratiche di alcuni appalti alla Procura della Repubblica perché i ribassi d'asta erano compresi tra lo 0,40 e lo 0,70 per cento, il che significa che non solo le ditte si mettevano d'accordo, ma esisteva «un controllo militare della mafia sul territorio e sulle imprese». Affermazioni di questo tipo in un qualsiasi Paese democratico avrebbero scatenato il putiferio: giornali, televisioni, governo, Parlamento, mobilitati in difesa della democrazia. Da noi non succede nulla. Anzi, il ministro Lunardi dice che con la mafia bisogna convivere perché tanto c'è ed è meglio prenderne atto. La mafia incassa il riconoscimento e ringrazia perché è proprio quello che vuole: che lo Stato prenda atto della sua presenza e chiuda un occhio se fa affari. Gli affari e non gli omicidi, infatti, costituiscono la sua missione principale e alla violenza fa ricorso solo quando non può farne a meno. Il procuratore di Palermo Grasso, che non è l'odiato Caselli, in un libro intervista scritto in collaborazione con Saverio Lodato ha detto chiaramente che «la mafia è vicina alla vittoria» e che la sua «invisibilità» non deve trarre in inganno. La mafia, mentre scende il silenzio sulle sue attività e agisce lontano dai riflettori, fa affari e gestisce appalti per migliaia di miliardi. D'altronde, Bernardo Provenzano, capo e artefice della nuova strategia, ha fatto sapere dalla latitanza, eterna, che la Cupola di Cosa Nostra, ma vale anche per le altre mafie, deve essere costituita da poche persone, colte, preparate, magari in possesso di un master rilasciato ad Harvard. Anche l'ex ministro Vizzini, palermitano e conoscitore dell'ambiente, ora deputato del Polo, in un'intervista al «Corriere della Sera», ha dichiarato che l'immersione della mafia è pericolosa perché nel frattempo fa affari, si arricchisce e alla fine del ciclo sarà più forte e potente di prima. Ebbene, c'è qualcuno che se ne preoccupa? Della mafia non si sente più parlare: è sufficiente che non si spari e poi tutto va bene. Eppure i dati sono allarmanti: le Procure antimafia si svuotano e i magistrati se ne vanno perché hanno poco da fare; i pentiti, dopo la forsennata campagna di criminalizzazione e l'approvazione della nuova legge, sono spariti; i capi della Cupola, a cominciare da Pippo Calò, chiedono allo Stato la «dissociazione» come i terroristi, che significa niente ergastolo e fine del carcere duro, ma senza dire una sola parola sui complici, sui rapporti con la politica e sui patrimoni. E se, per gli affari, la dichiarazione di Lunardi sulla convivenza possibile tranquillizza le cosche, per la «dissociazione», la proposta dei deputati forzisti Michele Saponara e Nitto Palma calza a pennello, perché prevede l'eliminazione dell'ergastolo. E l'informazione cosa fa? Le dichiarazioni di Lunardi e la proposta Saponara-Palma non sono state certo trattate con titoloni pervasi di indignazione e disappunto. La moglie di Libero Grassi ha dovuto scrivere al presidente della Repubblica e ha dovuto ricordare a Lunardi che suo marito non aveva voluto «convivere» e per questa ragione l'avevano ammazzato. Così come non avevano voluto conviverci Falcone, Borsellino, Chinnici, La Torre, Livatino e tutti gli altri servitori dello Stato noti e meno noti, i quali di fronte al terrore della lupara avevano mantenuto la schiena dritta pur sapendo di essere condannati a morte. Tanto Falcone quanto Borsellino ci scherzavano sopra.

La Pax *di Miccichè. Le regalie di Berlusconi e Dell'Utri a Totò Riina*

La lotta alla mafia non è certo nell'agenda del governo del Cavaliere S. Banana. E come potrebbe esserlo se in Sicilia il Polo ha fatto il pieno di voti e di seggi? Il potente sottosegretario Micciché, gran cacicco di Forza Italia in Sicilia, per conto di Dell'Utri, l'ha detto chiaro che non vuole più sentire parlare di mafia e di piovra televisiva, altrimenti si dimette. Micciché, simpatico e gran barzellettiere, lascia intendere che della Sicilia non dobbiamo preoccuparci più di tanto. La *Pax* mafiosa varrà pure alcune migliaia di miliardi di appalti, la gestione di un paio di policlinici, degli assessorati ai lavori pubblici di un po' di comuni e la direzione di alcune banche che possono riciclare il denaro guadagnato col sudore del traffico di droga, armi ed estorsioni. D'altronde, detto con franchezza, la richiesta al governo di una lotta senza quartiere alla criminalità organizzata e alla mafia, suonerebbe come una provocazione gratuita dal momento che nella sentenza della Corte d'Appello di Caltanissetta, riguardante la strage di Capaci e i mandanti a volto coperto, depositata il 23 giugno 2001, nel silenzio generale dei giornali e dei telegiornali, un paragrafo porta questo titolo: «I contatti tra Salvatore Riina e gli onorevoli Dell'Utri e Berlusconi». Contatti che vale la pena ricordare con le parole della sentenza: «Non può escludersi che Riina, a cagione dei rapporti che con Dell'Utri e Berlusconi aveva tessuto Vittorio Mangano, la cui nomina a sostituto del mandamento di Porta Nuova era stata sollecitata, se non imposta, a Pippo Calò che vi associò, quale co-reggente, anche Salvatore Cucuzza, da Brusca e Bagarella, avesse in mente di coltivare questo rapporto, che sino ad allora si era rivelato fruttuoso, quanto meno sotto il profilo economico, se è vero che da Milano Cosa Nostra riceveva delle consistenti somme di denaro quali regalie al fine di evitare atti ritorsivi agli impianti televisivi (le antenne) delle emittenti facenti capo al gruppo economico riconducibile al predetto onorevole Berlusconi». C'è da chiedersi come mai una sentenza così importante e inquietante, di una Corte d'Appello non certo ostile agli onorevoli Berlusconi e Dell'Utri, sia passata inosservata e sia stata ignorata sia dagli organi di informazione che dalle opposizioni parlamentari. Ci sarà pure qualcuno che ha il coraggio civile di chiedere a Berlusconi se le cose che scrivono i giudici sono vere o se sono impazziti, sapendo che i fatti descritti sono riferiti al capo del governo. E i giornalisti più liberi non hanno nulla da dire? E la Commissione antimafia? E il capo dello Stato? Parafrasando le parole del contadino prussiano sul giudice di Berlino, c'è da chiedersi se c'è ancora qualcuno a Roma che non «tiene famiglia» e ha la capacità di indignarsi di fronte a fatti così gravi e opprimenti per ogni coscienza libera. A meno che il Parlamento non voti la legge sulla «dissociazione», a patto che Totò Riina ne possa usufruire se ci racconta la verità in una bella audizione davanti alla Commissione antimafia e Berlusconi la confermi dopo che gli è stata concessa per legge, insieme agli amici più intimi, la più larga immunità, come suggerisce Nando dalla Chiesa.

Insomma la degenerazione è tale per cui forse è meglio bere il calice fino in fondo, immunizzarsi e poi, come ha scritto Montanelli, preparare il vaccino perché la Berlusconite sia debellata definitivamente.

La difesa «dal Processo»

Quando il Cavaliere e i suoi sodali sono entrati a regime nei processi e hanno capito che si sarebbero svolti regolarmente, sia pure con i tempi della giustizia dei nostri tribunali, è scattata l'operazione P (prescrizione) e FP (fottiprocessi) e la strategia è stata studiata nei minimi particolari. Poiché l'ondata è arrivata tra il governo Dini e i governi Prodi e D'Alema, era necessario tenersi buone le maggioranze per approvare le leggi, non previste dal programma dell'Ulivo, che favorissero le operazioni P e FP ed evitassero la galera almeno a Previti e a Dell'Utri. Con Dini, il Cavaliere ha giocato la carta Mancuso al ministero della Giustizia. La cosa è andata male perché l'attenzione attorno al Pool era ancora molto alta e i consensi elevatissimi. Inoltre, Mancuso ha commesso l'errore di inviare gli ispettori a Milano, che lo hanno sconfessato clamorosamente. Ultima ragione, non trascurabile, Tiziana Parenti, sulle cui informazioni il Cavaliere contava per incastrare il Pool. Evidentemente è stata avara, perché non aveva nulla di particolarmente compromettente da raccontare. A quel punto, perdute le elezioni del 1996, il Cavaliere S. Banana ha aguzzato l'ingegno e ha offerto a D'Alema la collaborazione per la Bicamerale e per una grande operazione «garantista» che rimuovesse gli aspetti più sgradevoli di Mani Pulite. Poco importa se la prima Repubblica era andata in crisi sul rapporto politica-affari; se i livelli di corruzione continuavano a vedere l'Italia ai primi posti nelle classifiche di Trasparency International; se tutte le istituzioni sovranazionali, mondiali ed europee, battevano il chiodo, con risoluzioni, documenti tecnici e conferenze, sulla necessità di organizzare una lotta senza quartiere alla corruzione e alla criminalità; se con grande enfasi la Camera dei deputati aveva approvato l'istituzione della Commissione speciale anticorruzione.

«Garantismo» era la parola d'ordine magica e trasversale, collante in Commissione Bicamerale tra il relatore sulla giustizia Boato e gli ultrà di Forza Italia, con un'appendice editoriale per il sostegno finanziario del «Foglio» di Giuliano Ferrara, edito dalla signora Berlusconi, che mai si era occupata di politica, e pagato da Boato e Pera con i soldi del finanziamento pubblico.

Ma l'operazione Bicamerale non era sufficiente, anche perché la modifica della Costituzione richiedeva tempi lunghi e si concludeva con il referendum. Allora erano necessari un'altra sede e strumenti più agili, come le leggi ordinarie, che furono individuati e messi in funzione di gran lena. Sede appropriata divenne la Commissione giustizia della Camera, presieduta da Giuliano Pisapia, «garantista» a 18 carati, collega e amico di Pecorella, nemico giurato del Pool di Milano. La Commissione giustizia ha costituito, oggettivamente, il fulcro della delegittimazione della magistratura che aveva condotto le inchieste di Tangentopoli, la fucina delle leggi che hanno devastato il processo penale, il pensatoio che ha messo in atto le operazioni P e FP.

Il gioco di squadra, soprattutto da quando è entrato in Parlamento Pecorella, è stato perfetto. Mani Pulite veniva accusata, più o meno esplicitamente, di essere stata una inchiesta violenta, caratterizzata dalla violazione dei diritti degli imputati e della difesa, dalla volontà di strumentalizzazione per narcisismo, per fini di carriera all'interno della corporazione e per fini politici. Sui reati gravissimi commessi e sugli esecutori si passava oltre. I veri imputati, giorno dopo giorno, sono diventati i magistrati e più si erano comportati con rigore e con competenza, più erano invisi. Che il processo penale italiano fosse il più garantista e inefficiente del mondo, perché sono previsti tre gradi di giudizio e la motivazione della sentenza, oltre che il tribunale del riesame, non faceva riflettere più di tanto. Anzi, se la maggioranza della Commissione avesse potuto, avrebbe introdotto un quarto grado di giudizio. Una mia proposta di legge che prevedeva la limitazione di accesso all'appello nel processo penale, più moderata di quella contenuta nel programma dell'Ulivo, non è stata mai messa all'ordine del giorno. La necessità di garantire la certezza della pena, trovando una sintesi tra garanzie ed efficienza, era sottovalutata. E anche quando si affrontava il problema, il totem delle garanzie bloccava tutto. La vicenda del pacchetto sicurezza, che ha costituito una delle cause della sconfitta elettorale, è stata emblematica. L'ipotesi di accorciare i tempi dei processi per garantire uguale trattamento agli imputati ricchi, che potevano pagarsi avvocati famosi e agli imputati poveri, che regolarmente affollavano le carceri a causa della custodia cautelare preventiva, non è stata mai presa in considerazione: la durata dei processi e la prescrizione dei reati, per la Commissione giustizia della Camera, costituivano variabili indipendenti. La possibilità di diminuire i privilegi dei parlamentari inquisiti è stata considerata un attentato alle prerogative del Parlamento. Il dovere di arrestarli, se la magistratura, con fondati motivi, lo avesse chiesto, una ipotesi assolutamente stravagante e giustizialista. Il caso Previti si commenta da solo. Con i voti della maggioranza è stata respinta la richiesta di arresto con la motivazione che in pochissimo tempo poteva essere processato. Così la maggioranza ha collaborato perché passasse la linea P e FP. Me le ricordo bene le riunioni della Commissione giustizia nelle quali avvocati e magistrati in aspettativa e mai dimissionari, ammiccavano tra di loro, si davano di gomito, si complimentavano a vicenda, soprattutto quando si parlavano addosso, perché si consideravano tutti fini giuristi, anche se alcuni erano mediocri avvocati di provincia. Me lo ricordo con quanta sicumera guardavano i non appartenenti alla corporazione e con aria di disgusto: «Ma qui si discute di problemi tecnici e voi non ne capite un beato cavolo, perciò è meglio che tacete». La

Commissione giustizia, subito dopo il conflitto di interesse del Cavaliere, ha costituito il più grande conflitto di interesse del Parlamento. Essa, infatti, era composta per il 90 per cento da avvocati, alcuni dei quali pensavano più ai loro clienti che al Paese e che, come scrive Kafka nel *Processo*, «sono lontanissimi dal volere introdurre o imporre in tribunale qualche miglioramento» e da magistrati in aspettativa, che come tutti gli spretati, vedevano nella Procura di Milano la Chiesa e la odiavano, non si sa se per invidia o per «cupidigia di abiezione», classificata da Sylos Labini come nuova malattia dello spirito.

I dati forniti dal ministero della Giustizia erano eloquenti:

le risposte alle rogatorie internazionali arrivavano col rallentatore da molti Paesi e da altri non arrivavano affatto;

le prescrizioni, anche per i delitti, erano in aumento progressivo, con la conseguenza che anni di lavoro di indagini rischiavano di andare perduti e che la certezza delle pene diventava una mera petizione di principio. Inoltre, i criminali e i farabutti, potevano delinquere a piacimento, sapendo che tanto non si arrivava mai a una sentenza definitiva, mentre le persone per bene e gli innocenti che per loro sfortuna incappavano nelle maglie della giustizia, vedevano la loro vita diventare un inferno, perché, la loro innocenza veniva riconosciuta dopo avere peregrinato da un tribunale all'altro per anni;

le richieste dei pubblici ministeri una volta su quattro venivano respinte dai GIP (giudici delle indagini preliminari) e una volta su cinque dai tribunali in dibattimento, a smentita della subordinazione dei giudici ai pubblici ministeri;

i tempi dei processi dal 1989, data di entrata in vigore del nuovo codice di procedura penale, si erano dilatati a dismisura. Per dare un'idea, i tempi di un procedimento in tribunale erano passati dai 124 giorni del 1990 ai 345 del primo semestre del 1997; e dai 266 giorni in Corte d'Appello ai 573 del primo semestre del 1997 e le cose non sono cambiate.

I dati riguardanti le indagini sui reati comuni, di strada, smentivano l'accusa secondo la quale per farsi pubblicità i PM di alcune Procure si occupavano solo di colletti bianchi, soprattutto se molto noti.

La corte europea di Strasburgo ha continuato a condannare l'Italia per le lentezze della giustizia.

Di fronte a una situazione così grave e paradossale, nella quale i magistrati del Pool erano stati in grado di fare la più grande inchiesta della storia sulla corruzione, guadagnandosi stima e ammirazione in tutto il mondo, ci si sarebbe aspettati che il Parlamento concentrasse tutta l'attività per snellire i processi penali e civili, migliorare le strutture e le tecnologie, aumentare il bilancio della giustizia, varare una legislazione per prevenire corruzione e reati finanziari, con misure amministrative, e ridurre all'indispensabile l'intervento del magistrato penale.

Invece l'unica preoccupazione è stata quella di garantire gli imputati eccellenti e potenti e di salvarli dalla galera. E poiché nessuno ha avuto il coraggio di proporre l'amnistia, che ora propone Pisapia, nella forma «condizionata», perché troppo impopolare, si è aggirato l'ostacolo, favorendo decisamente la prescrizione dei reati, che poi viene venduta in televisione come assoluzione.

La modifica dell'articolo 513 del codice di procedura penale, il cosiddetto Giusto processo, la legge sulla incompatibilità tra GIP e GUP, sulle intercettazioni telefoniche, la cosiddetta legge Dell'Utri sul patteggiamento in Cassazione, quella sui pentiti, hanno dato un colpo mortale alle inchieste di Tangentopoli e di mafia, hanno salvato dalla galera tanti imputati eccellenti e hanno favorito il loro sdoganamento politico. Non è casuale che il Parlamento sia stracolmo di pregiudicati, imputati e indagati di ogni risma.

Come dimenticare che Mantovano, odiato

«fascista», non certo per me che avevo anticipato di due anni l'operazione di Fiuggi partecipando ai dibattiti di An, su una proposta fondamentale come la riforma dell'articolo 513 del codice di procedura penale, sia stato nominato relatore senza che qualcuno ne spiegasse le ragioni. Ricordo benissimo che su richiesta della Commissione giustizia, il ministro Flick aveva fatto predisporre una indagine dai suoi uffici per capire le conseguenze dell'applicazione della legge che stava per essere varata. Ma quando il ministro ha consegnato ai deputati i risultati dell'indagine, dimostrando che sarebbero stati disastrosi per i processi in corso e in cantiere, è stato insultato e accusato di avere manomesso i dati, anche da Mantovano, persona solitamente garbata e civile, nel silenzio complice della maggioranza. La stessa maggioranza che ha approvato quella legge disastrosa contro il parere del suo ministro. Perché tanta sciatteria conoscendo bene le conseguenze giudiziarie e politiche di quel provvedimento? Questa volta è proprio il caso di dire che Pisapia e gli altri della maggioranza non potevano non sapere! Eppure sono andati avanti come carri armati e il disastro si è ripetuto con il cosiddetto Giusto processo, nonostante il parere contrario di fior di giuristi vicini all'Ulivo, a cominciare dal professor Vittorio Grevi, al quale un giorno ho detto: «Se facessi come studente l'esame della materia che insegni con tanta autorevolezza, i tuoi amici ti boccerebbero». Un avvocato di Taranto, Rocco Maggi, poi diventato sottosegretario alla Giustizia nel governo D'Alema, che nel gruppo dei Democratici veniva utilizzato per bloccare ogni mia proposta all'insegna del «taci tu che non sei un tecnico», quando richiamavo gli scritti e le argomentazioni di Grevi lo apostrofava dicendo: «Questo Grevi è un teorico. Ha mai difeso una causa? Cosa vuoi che ne sappia di quello che avviene in tribunale». Le cose sono andate ancora peggio del previsto, perché, inspiegabilmente, è intervenuto a sollecitare l'approvazione della legge persino il presidente della Repubblica, fresco di nomina. Per cui, approvare la legge costituzionale, col voto del Polo, era diventata una questione di vita o di morte e così è andata. Pensate, una legge che oltre ad allargare le falle della giustizia aveva quel titolo! Come se i processi fatti fino a quel momento fossero ingiusti. E poi, un obbrobrio lessicale, tecnico e giuridico, capace di trasformare la Costituzione scritta in maniera chiara, nitida, senza una parola superflua, in un regolamento di condominio o, come disse Mino Martinazzoli, in una circolare prefettizia. Ma il centro-sinistra aveva davvero perso la testa. Andando a vedere tutti i progetti di legge, compreso quello di FI, primo firmatario Berlusconi, presentati alla Bicamerale, in nessuno compare, nemmeno lontanamente qualcosa che somigli all'articolo 111 della Costituzione, così come è stato modificato, con l'approvazione del cosiddetto Giusto processo. Naturalmente, dopo avere incassato il bottino il Cavaliere è diventato più esigente e ha moltiplicato gli attacchi alla magistratura. E così mentre le leggi, che a getto continuo venivano approvate, contribuivano a sgretolare i processi, i deputati che le approvavano accusavano i giudici di non fare i processi. E mentre si gridava al lupo per le persecuzioni delle Toghe Rosse, la Corte Europea di Strasburgo respingeva i ricorsi di Craxi, affermando che la magistratura che lo aveva condannato aveva rispettato tutte le garanzie e non c'era stata alcuna persecuzione politico-giudiziaria. Ma delle decisioni dell'Europa gli organi di informazione non hanno mai parlato, perché avrebbero smentito le dichiarazioni del Cavaliere che avanzava minacciosamente. E, purtroppo, nemmeno gli esponenti del centro-sinistra che avrebbero potuto chiudergli la bocca dicendogli: «Cavaliere non raccontare balle e non fare il furbo. Se ritieni di essere stato perseguitato ricorri all'alta Corte di Strasburgo come ha fatto il tuo amico Craxi». La verità è che se uno va sul palcoscenico e pensa di competere con un bravo prestigiatore, quest'ultimo gli toglie anche le mutande e poi è capace di dimostrargli che è stato derubato del portafogli. Il Cavaliere S. Banana ha dimostrato di essere un grandissimo prestigiatore-illusionista e si è lavorato i suoi polli come ha voluto.

Il fumo negli occhi della Commissione anticorruzione

Appena arrivato in Parlamento, ho lasciato passare il tempo di orientarmi nei corridoi della Camera e poi ho imboccato la strada degli uffici di D'Alema, Violante, Mussi, Bassanini, Prodi e della casa di Di Pietro, per proporre la costituzione di una commissione che si occupasse della corruzione con strumenti preventivi e amministrativi, dal momento che la magistratura penale interviene per reprimere e quando i guasti sono già fatti. Ho trovato D'Alema entusiasta, tanto che ha guardato subito il regolamento della Camera per vedere se era possibile procedere in tempi brevi e subito dopo ne ha parlato con Mussi e Bassanini. Naturalmente, considerata la mia esperienza in materia e l'impegno più che ventennale sul campo, pensavo di presiederla. L'arresto di Necci ha costituito un risveglio da incubo perché molti si erano illusi che i fatti gravi di corruzione fossero ormai alle spalle. Violante, con grande tempismo, è arrivato in aula e ha proposto la costituzione di una Commissione anticorruzione monocamerale con il compito di produrre proposte di legge da sottoporre direttamente all'approvazione dell'Aula. Quella del settembre 1996 è stata una seduta da grandi occasioni. Discorsi elevati sui pericoli della corruzione per la democrazia. Necessità di ristabilire il primato della politica e delle istituzioni elettive. Politica ed etica: un binomio inscindibile. Insomma una gara tra i deputati, i partiti, i poli a impegnarsi, collaborare, solidarizzare, nell'interesse supremo del Paese, già tanto provato dalle inchieste di Tangentopoli, una sorta di corpo estraneo, perché il controllo era sfuggito alla politica. Come dire ai magistrati: ci riprendiamo quello che è nostro e il Paese lo ripuliamo noi che siamo legittimati a farlo. Quel giorno sembrava di stare in un altro Paese. Ma l'entusiasmo è durato poco, perché, ascoltati i nomi dei componenti la Commissione, si è capito subito che il trucco c'era eccome! Tutti i «big» erano andati nella Bicamerale e i «peones», che avevano l'obbligo di ubbidire, nella Commissione anticorruzione; tanto che, quando si dovette scegliere il presidente, Mussi facendo il nome di Giovanni Meloni, parlamentare di Rifondazione comunista, degnissima persona (l'abbiamo scoperto dopo), ma sconosciuta, per far capire chi fosse (spero che Giovanni non se ne abbia a male), dopo aver chiesto a tutti i parlamentari del gruppo Ds presenti, facenti parte della commissione, ha detto: «Chiamate il commesso e fate portare l'album con le foto dei deputati cosi forse riuscite a orientarvi meglio». Detto, fatto e così abbiamo conosciuto, grazie a una fotografia, Giovanni Meloni, sardo, di sani principi, professore universitario, che ha fatto di tutto, tranne dimettersi, come avevo consigliato, e che ha fallito con l'intera commissione, perché il Polo per sabotarla ha nominato persino una sorta di commissario politico nella persona dell'avvocato Bruno, l'Ulivo l'ha lasciata sabotare e il presidente della Camera, che l'aveva voluta, ha fatto il palo.

Naturalmente anche in Commissione anticorruzione è emerso subito il partito garantista e trasversale per evitare che si controllassero i patrimoni dei parlamentari, si licenziassero i dipendenti pubblici infedeli, si confiscassero i beni dei politici corrotti, si facesse chiarezza sulla spesa del mercato pubblico che vale circa 75 milioni di euro, 150 miliardi delle fu lire, all'anno. Quando lo scontro diventava più aspro, i «garantisti» si scatenavano contro di me: «Che cavolo! Ci parli sempre di corruzione!» E poi giù la sequela delle offese ritenute più trucide: «giustizialista, moralista (era la parola più offensiva che potessero scaraventarti addosso), manettaro, escremento di stalinismo (ma guardate che non sono mai stato comunista! Non importa: sei stalinista lo stesso), sostenitore dello Stato di polizia, inquisitore da strapazzo (tu e il tuo amico Di Pietro). Ma cosa credi, di essere l'unico onesto e pulito?» E quando, per difendermi, dicevo cosa avevano fatto in Paesi come gli Usa, l'Inghilterra, la Francia, l'Australia, se la cavavano con un'alzata di spalle come per dire: per favore non farci perdere tempo.

Così, con un po' di polvere negli occhi dei cittadini (poca, perché se si esclude «Il Sole-24 Ore», nessun giornale se n'è occupato più di tanto), si è chiusa la vicenda della Commissione anticorruzione, mentre la corruzione riprendeva alla grande e i magistrati che l'avevano indagata venivano messi sulla graticola.

La telenovela del conflitto di interesse

Di recente, Michele Salvati, parlamentare Ds nella scorsa legislatura, non rieletto, noto economista, che conosco dagli anni universitari a Pavia, lui a giurisprudenza, io a Medicina, in un articolo sulla «Repubblica» e in una intervista all'«Unità», ha detto che i «veri problemi sono gli interessi personali del premier». Lo cito perché, con Michele, nella legislatura scorsa sulla «demonizzazione» di Berlusconi ho sempre litigato e lui è uno dei pochi che ha firmato l'appello del «Foglio» contro la «demonizzazione» e per un «corretto e civile» confronto. Quando, per caso, l'ho incontrato sull'Eurostar che ci portava a Roma, gli ho detto che i suoi articoli mi avevano fatto davvero arrabbiare perché Berlusconi non ci aveva riservato alcuna sorpresa e non era poi tanto difficile capire come si sarebbe comportato una volta al governo. «Avevi ragione tu, noi abbiamo sbagliato. Tutti, però, e non solo io.» Sì, tutti, anche se la cosa non mi consola per niente.

Il Cavaliere S. Banana dal 1994 ripete la sceneggiata del conflitto di interesse, diventato uno scherzo di carnevale che cade in stagioni diverse, sapendo che non farà mai approvare una legge seria. Anzi, dopo il dimissionamento di Ruggiero, l'ha detto chiaro che vuole fare anche il ministro alla Farnesina e si vuole occupare di affari, che poi è la cosa che sa fare meglio. Ed è anche sicuro di dimostrare, urbi et orbi, come il Papa – che se potesse, sostituirebbe volentieri – «di essere eticamente superiore agli altri protagonisti della politica europea».

La telenovela è iniziata nel 1994 quando il

Cavaliere è diventato capo del governo e ha nominato i tre Saggi per farsi consigliare. Poi Bossi l'ha cacciato da Palazzo Chigi e la sceneggiata l'ha fatta il centro-sinistra. Il problema era entrato talmente in sonno che quando il 23 aprile del 1997 ho presentato una proposta di legge che riprendeva, con alcune modifiche, il testo presentato al Senato dai progressisti nella XII legislatura, era l'unica depositata a Montecitorio, assegnata, nei tempi usuali, alla Commissione anticorruzione. Poiché la commissione era già in sala di rianimazione, per fare presto, Meloni mi ha nominato relatore. Ho assolto in qualche modo il compito, sapendo bene che non se ne sarebbe fatto nulla perché la commissione era destinata alla chiusura e il Polo non avrebbe mai tollerato che proprio sul conflitto di interesse il relatore fossi io. Avevano dovuto già sopportarmi per la legge anticorruzione più importante e contestata. Una seconda occasione non ci sarebbe stata. Però, non avevo messo in conto che dopo poco tempo, Berlusconi, in una intervista, avrebbe annunciato la presentazione di una proposta di legge, con la sua firma e quella di Frattini, sollecitandone l'immediata discussione. Non erano passati che pochi giorni quando il presidente della Camera ha trasferito il conflitto di interesse alla Commissione Affari Costituzionali presieduta da

Rosa Russo Jervolino, considerata più «affidabile» rispetto alla Commissione anticorruzione. Io sono stato «destituito» da relatore ed è stato nominato Frattini, sodale, consigliere e intimo del Cavaliere.

Quando le proposte di legge riguardavano interessi personali del Cavaliere e dei suoi amici, chissà perché, i relatori erano scelti sempre tra deputati del Polo. Il testo Berlusconi-Frattini era impresentabile. Per cui, in Commissione, è passata la mia proposta di inviare alla presidenza del Consiglio, alla Consob e all'Antitrust alcuni quesiti per raccogliere pareri tecnici qualificati e capire come approvare una legge decente, su un problema che si poneva per la prima volta in Italia. Presidenza del Consiglio e Consob hanno dato risposte chiare. Più ambigua quella dell'Antitrust di Giuliano Amato. In sintesi ci è stato detto che l'unica soluzione seria era la vendita delle aziende. Frattini si è opposto sostenendo la incostituzionalità della vendita e cercando di dimostrare che anche con un Blind Trust all'italiana si poteva ottenere la separazione tra la proprietà e la gestione. Così alla fine è stata approvata una proposta di compromesso scadente, la cui inutilità e pericolosità io stesso non ho valutato come avrei dovuto, anche se non sarebbe cambiato nulla perché erano tempi di Bicamerale e la proposta sarebbe comunque passata a larghissima maggioranza. La controprova l'ho avuta alcuni mesi dopo, quando ho presentato una proposta di legge, che integrava la legge del 1957, scritta in collaborazione con il comitato Sylos Labini, Flores D'Arcais, Cimiotta, Pizzorusso, Laterza e altri, sulla ineleggibilità dei concessionari di pubblici servizi, che a titoli cubitali «il Giornale» ha bollato come il «Trappolone». Nonostante il Cavaliere avesse già fatto saltare la Bicamerale, la proposta, che pure aveva raccolto molti consensi nei gruppi del centro-sinistra, non è stata messa nemmeno all'ordine del giorno della Commissione Affari Costituzionali, dove era tornata Rosa Russo Jervolino, dopo una breve permanenza, poco entusiasmante, al ministero dell'Interno. Il ritornello era sempre lo stesso: tutto ciò che sa di «demonizzazione» di Berlusconi fa il suo gioco. Eppure le opinioni libere erano chiare e diffuse all'interno e all'esterno del Parlamento. Il conflitto di interesse del Cavaliere S. Banana era mostruoso, non aveva riscontro in nessun Paese democratico, ed era un intralcio, difficilmente superabile, alla vita democratica del Paese. L'aveva riconosciuto lo stesso Fedele Confalonieri, quando in una intervista a «Repubblica» aveva ammesso che Sylos Labini aveva ragione e che la soluzione più seria «sarebbe» stata quella della ineleggibiltà. Ma poi ha aggiunto che l'Italia non è gli Stati Uniti e non si può fare. Come dire che il nostro non è un Paese serio. Il Cavaliere, però, conosce gli italiani meglio del socio e la soluzione l'ha trovata subito: «Il presidente del Consiglio, che è un primus inter pares e coordina l'attività degli altri ministri, ha l'obbligo morale (a sentire parlare di moralità il Cavaliere non si sa se ridere o piangere) di astenersi quando sono sul tappeto decisioni che potrebbero riguardare anche i suoi interessi. Io l'ho fatto (e dire che noi non lo sapevamo!) durante il mio governo e mi comporterei allo stesso modo oggi». Come dire che per quanto lo riguarda, non esiste alcun conflitto di interesse. E pensare che in America il capo dell'Antitrust ha anche il potere di mettere le manette. Joel Klein, che ne fu a capo, prima della presidenza Bush, il 6 aprile del 2000, in una riunione, si era vantato di avere messo le manette a un gruppo di manager di potenti multinazionali, come la Roche e la Sbaf, i quali avevano violato la concorrenza dei prezzi di alcuni prodotti. Gli interessati, trovandosi in giro per il mondo, avevano raggiunto precipitosamente l'America perché il terribile Klein aveva fatto sapere che il mondo è diventato piccolo e «non si può vivere come fuggitivi». Francamente non si capisce come faccia il Cavaliere a scegliersi come amici questi americani tanto «giustizialisti», capaci di punire con il carcere reati fiscali e finanziari anche di lieve entità. Lui, il Cavaliere, con tutti i suoi soldi, in America sarebbe dietro le sbarre da tempo e non lo avrebbero fatto uscire neanche sotto cauzione. Il Paese giusto per lui sarebbe la Thailandia del magnate della televisione, che però corre il rischio di essere arrestato per la seconda volta.

Sergio Romano, che tifa per il centro-destra e soffre perché il Cavaliere S. Banana non lo ascolta mai, ha scritto: «Berlusconi, ovvero il più colossale conflitto d'interessi mai registrato nelle cronache dello Stato unitario». Perciò gli aveva consigliato di «fare un passo indietro e rinunciare agli incarichi pubblici». Bella pretesa quella dell'ambasciatore Romano. Come se non sapesse che il Cavaliere ha bisogno assoluto dell'immunità parlamentare, almeno finché il ministro Castelli, a costo di fare un golpe, non gli sistema le pendenze che ha. Montanelli, invece, era stato esplicito: «Non penserete che Berlusconi si batta per delle idee. Ha voluto il potere per sfuggire ai tribunali» («Express», 20 gennaio 2000) e con grande pessimismo aveva aggiunto che «finché non si sblocca il caso Berlusconi non ci potrà essere dibattito politico». Anche Cossiga, nei momenti di lucida follia, era feroce e parlava di «minaccia alla democrazia», aggiungendo che «prendere lezioni di moralità da uno come Berlusconi sarebbe come per una donna prendere lezioni di moralità da una sgualdrina». Poi, per vendicarsi fino in fondo di qualche piccolo sgarbo, con tutto il veleno possibile, sibilava che il Cavaliere è «un ignorante mentre lui è un uomo colto». Dopo giudici così feroci e senza appello, però, diventa incomprensibile capire come mai Cossiga, che per giunta è sardo, ha dimenticato presto e alle elezioni politiche si è accordato con il Cavaliere e ha fatto eleggere il figlio e qualche amico nelle liste della cosiddetta Casa delle Libertà. Misteri del teatrino della politica sul quale molti, recitando, dimenticano la sera quello che hanno detto il mattino e si comportano come guitti senza parola e senza onore. Sartori è quasi inutile citarlo perché lui, che vive in America, ha la fissa e continua a scrivere sul conflitto di interesse di Berlusconi che, penso, sogna anche di notte. Sartori, a una signora che gli ha scritto che lei del conflitto di interesse «se ne sbatte» perché è ora di parlare di «cose utili e serie», ha risposto che se lei se ne sbatte, lui non se ne sbatte per niente. Il professor Sartori, vivendo in America e avendo studiato per tutta la vita la democrazia e le democrazie, è un vero irriducibile, perché pur essendo italiano, riesce ad analizzare, forse con maggiore freddezza, i rischi che la nostra democrazia corre nelle mani di un personaggio come il Cavaliere. La controprova la fornisce la stampa estera che è veramente sferzante e impietosa. Ma il Cavaliere è del tutto indifferente e nonostante gli attacchi continui e il rischio di diventare la barzelletta d'Europa – tanto è vero che già ora alcuni capi di governo, dopo le riunioni, si danno di gomito e fanno battute – va avanti per la sua strada come se nulla fosse.

«Rinuncio al mio ruolo di editore e di imprenditore per mettere la mia esperienza e tutto il mio impegno a disposizione di una battaglia in cui credo con assoluta convinzione», aveva dichiarato il 26 gennaio 1994 nel discorso della discesa in campo. Poi si è visto com'è andata. Col primo governo ha approvato la legge Tremonti e ci ha guadagnato 250 miliardi. Con il secondo, dopo avere espresso parere favorevole all'acquisto di Telecom da parte di Tronchetti Provera, gli ha venduto la Edilnord che era un colabrodo, piena di debiti, per 460 miliardi, molto di più del prezzo di mercato.

Ha continuato a occuparsi delle sue aziende esattamente come prima: delle questioni importanti, ma anche delle piccole e piccolissime cose. È rimasto l'imprenditore che la sera fa il giro degli uffici e spegne la luce. Maurizio Costanzo («Corriere della Sera», 22 giugno 2001) ha detto di avere provocato un dispiacere a Pier Silvio (Dudu), costituendo una società autonoma. «La sera a casa», ha dichiarato, «mi arrivò una telefonata amichevole di suo padre che mi pregava di non farlo.» Vittorio Feltri, su «Sette», ha detto che nel 1998, avendo concordato un programma di informazione, la cosa non andò in porto perché mancava solo «l'approvazione» (ma non si era ritirato nel 1994?) di Berlusconi. Feltri ha aggiunto: «Sto ancora aspettando la convocazione». Nella causa per danni che la Fininvest ha promosso contro Travaglio, gli Editori Riuniti e me, si parla solo di Berlusconi. Ma se lui non c'entra più con le aziende non si capisce perché la Fininvest e Mediaset ci fanno causa per averlo diffamato. Il Cavaliere solo contro i magistrati dice sempre le stesse cose e bisogna dargliene atto. Per il resto, dice tutto e il contrario di tutto. Giura sui figli sapendo di mentire. Promette agli italiani cose che sa di non poter mantenere. Nega l'evidenza anche quando è palmare. Indro Montanelli, che lo conosceva bene, ha scritto che è «un mentitore professionale e un pagliaccio». Implacabile il grande Indro. E se avesse ascoltato alla televisione le dichiarazioni del Cavaliere dopo il primo giorno alla Farnesina da ministro degli Esteri, cosa avrebbe detto?

Il conflitto di interesse ritorna in Parlamento

Nei prossimi giorni, e per qualche tempo, il Parlamento si occuperà di conflitto di interesse. Il testo del governo che prevede l'istituzione di un'Autorità senza poteri, inventata da Frattini, per compiacere il Capo, è talmente banale e inutile, che di fatto sta per lasciare la ribalta. Persino nella maggioranza si sono accorti che costituisce uno scherzo di carnevale, per cui è stato criticato senza troppe cautele. Roberto Formigoni ha parlato di «presa in giro» e gli ha dato l'estrema unzione. Frattini, che passa per un genio dell'Amministrazione, continua a collezionare brutte figure, ma insiste. Così un parere pro veritate, del professor Vincenzo Caianiello, ex presidente della Corte Costituzionale, richiesto dalla Commissione Affari Costituzionali, è diventato il testo del Cavaliere e di tutta la maggioranza che parla e che pensa, perché di An non si hanno notizie da tempo. La legge sul conflitto di interesse va fatta per il Paese e quindi non può essere una legge ad personam. Ma non può nemmeno ignorare che da anni si parla del conflitto del Cavaliere, che ora è anche capo del governo.

Caianiello, assolve, come fa da tempo, il suo compito di difensore d'ufficio del Cavaliere e di pompiere. Per carità, nel parere dice anche cose sensate, ma le dice come se dovessero riguardare la situazione di un altro Paese democratico. Per esempio sostiene che è necessario che chi ha incarichi di governo, dichiari pubblicamente tutti i suoi patrimoni. Benissimo. Ma per quanto riguarda il Cavaliere, va ricordato che dell'esistenza di alcuni beni, come la cosiddetta Fininvest parallela, si è dovuta occupare la magistratura, perché lui l'ha sempre negata. Il professore non si preoccupa del fatto che il Cavaliere è già concessionario dello Stato di un pubblico servizio, per interposta persona, che è Confalonieri. Anche la separazione tra la proprietà e la gestione, tanto raccomandata nel «parere», nel caso specifico, pone problemi, perché i gestori sono i figli del proprietario vero e quindi la stessa persona. In questo caso, come si fa a separare proprietà e gestione? Così come confidare nell'intervento e nel controllo dell'Autorità per la Comunicazione per garantire pluralismo e imparzialità dell'informazione è risibile. L'Autorità potrebbe farlo benissimo già ora, sulla base delle leggi dello Stato, ma non è riuscita, nonostante un voto del Parlamento, nemmeno a mandare Rete 4 sul satellite e se ci prova, Cheli viene sostituito da Gasparri su ordine del Cavaliere. Come si può pensare seriamente di controllare le reti di Berlusconi per garantire pluralismo e democrazia se tutto il personale addetto – direttori di rete, direttori di testate, giornalisti e imbonitori – sono dipendenti dei figli del Cavaliere? Quindi, se quello è il testo, la legge approvata non potrà essere una cosa seria. Ed è bene che i dirigenti dell'Ulivo riflettano. Il Cavaliere farebbe qualsiasi cosa, tranne che una legge incisiva, per ottenere il voto dell'opposizione, per sbandierarlo in tutto il mondo. Ve lo immaginate nel primo vertice internazionale utile, con a fianco un bravo interprete e dopo un'appropriata campagna di informazione e di seduzione, come ci andrebbe a nozze? Io già lo immagino, con un grande sorriso stampato sulla bocca, che dice: «Sono stato accusato per anni di non volere la legge sul conflitto di interesse. La sinistra non l'ha fatta e strumentalmente ha agitato questa bandiera per tutto il tempo che ha governato. Il mio governo e la mia maggioranza in otto mesi hanno approvato una legge tanto seria che ha ottenuto anche il voto della sinistra, perché non poteva farne a meno». A quel punto il centro-sinistra può tirare i remi in barca e lasciare che il Cavaliere governi come più gli aggrada. Questa del conflitto di interesse è una battaglia politica e di civiltà. L'unica soluzione è la vendita delle aziende televisive, come ha spiegato più volte il professor Sartori. Se D'Alema, Rutelli e Fassino si facessero coinvolgere, provocherebbero il suicidio politico dell'Ulivo e la rottura, questa volta irreversibile, con tutta l'area che ha fatto, della legalità e della trasparenza, la ragione della sua battaglia politica e civile, senza la quale non c'è speranza di riscossa e di vittoria alle prossime elezioni.

Il Pensiero Unico

«La democrazia consiste nel mettere sotto controllo il potere politico. È questa la sua caratteristica essenziale. Non ci dovrebbe essere alcun potere politico incontrollato in una democrazia. Ora è accaduto che questa televisione sia diventata un potere politico colossale, potenzialmente si potrebbe anche dire anche il più importante di tutti, come se fosse Dio stesso che parla. Nessuna democrazia può sopravvivere se all'abuso di questo potere non si mette fine.» L'ha scritto, prima di morire, quel liberale di Karl R. Popper, che il presidente del Senato Pera considera uno dei suoi maestri ideali. Costanzo, ne ha fatto la traduzione in volgare, dichiarando, guarda caso, in televisione, che «il potere non ce l'ha chi parla in televisione. Il potere ce l'ha chi ti permette di parlare in televisione». E cioè, Costanzo, ma solo se glielo permette Berlusconi. Invece, la nostra televisione, non solo è diventata, con le dovute eccezioni che riguardano soprattutto la Rai, una centrale di volgarità e di spazzatura, ma quel che più preoccupa, il megafono del Regime che avanza e del Pensiero Unico. Per citare un fatto: quando Luttazzi ha invitato Travaglio a parlare dell'*Odore dei soldi*, da destra e da sinistra hanno polemizzato, non sul contenuto del libro, come sarebbe stato auspicabile, ma se in una trasmissione di satira si potesse parlare di politica e, soprattutto, di quel libro sul Cavaliere, che nelle classifiche risulta essere al secondo posto tra i libri più venduti nel 2001 e al primo posto nella saggistica. Bene: Vespa e Costanzo si sono guardati bene dall'invitare gli autori. Vespa, che scrive un giorno sì e l'altro pure all'«Unità» e protesta per gli attacchi del giornale, nel suo ultimo libro, *La scossa*, ha scritto che dalla sera in cui Travaglio ha partecipato alla trasmissione di Luttazzi, al 13 maggio, giorno del voto, Berlusconi ha perduto ben 12 punti e ogni giorno, nel vedere i sondaggi riservati, si rinnovava la pena e il timore di perdere le elezioni. Se le cose che Vespa scrive sono vere, c'è da chiedersi in quale Paese democratico e civile, non sarebbero stati invitati gli autori del libro che, a suo dire, stava per cambiare l'esito del risultato elettorale, in una trasmissione del servizio pubblico e da un giornalista degno di questo nome, il quale evidentemente conosceva i sondaggi riservati del Cavaliere. L'invito sarebbe stato doveroso non certo per parlare bene del libro, come capita per i libri di Vespa su tutte le reti televisive, ma per inchiodare gli autori alle loro responsabilità, chiedendo dove avessero preso i documenti, definiti spazzatura riciclata da più parti, chi erano i complici, con chi avevano organizzato il complotto e, magari, chi li aveva pagati. Nulla di tutto questo. Il caso editoriale dell'anno che stava per capovolgere l'esito della campagna elettorale, in omaggio al Pensiero Unico, è stato ignorato dalla trasmissione nella quale il Cavaliere, senza un minimo di contradditorio, ha firmato, con atto unilaterale e grottesco, il patto truffa con gli italiani assenti. Questo è il potere incontrollato di cui parlava Popper: al padrone si mettono a disposizione le telecamere per inventare promesse irrealizzabili, ai cittadini si nega la voce, proprio quando si sa che quella voce potrebbe incidere in qualche modo e danneggiare il padrone. Naturalmente ho chiesto conto dalle colonne dell'«Unità» del comportamento di Vespa, il quale pur essendo grafomane, perché il salotto televisivo non gli basta, non ha risposto. A proposito del Pensiero Unico, le risposte di Elio Vito a Biagi, sul dimissionamento di Ruggiero, sono da manuale. Biagi:

«Le dimissioni di Ruggiero sono state incoraggiate?» Vito: «Sono state richieste dal presidente del Consiglio con tempestività, saggezza e coraggio». Biagi: «Berlusconi esce da questa avventura più forte?» Vito: «La politica estera del nostro governo l'ha sempre fatta e continuerà a farla il presidente Berlusconi». Biagi: «Chi vorrebbe vedere come futuro ministro degli Esteri?» Vito: «Sarebbe bello che lo facesse il presidente Berlusconi così come lo ha fatto per due volte Alcide De Gasperi. Il presidente Berlusconi è un europeista convinto e saprebbe conciliare con abilità e saggezza gli interessi dell'Europa con quelli del nostro Paese». Biagi: «In questa storia chi vince?» Vito: «Vince il presidente Berlusconi che ha riaffermato in modo chiaro la sua autorità e vince il Paese che, grazie a Berlusconi e alla sua capacità di innovare, potrà adesso contare su una diplomazia che saprà sostenere l'imprenditoria e i prodotti italiani nel mondo».

Plagio? Servilismo? Innamoramento? Furbizia? Imbecillità? Sì, tutto questo, ma soprattutto la condivisione del Pensiero Unico. Per gli studiosi di comunicazione, di antropologia del servilismo e di psicologia dell'appecoramento nella versione più scomoda, un saggio da studiare e da portare nei congressi internazionali di scienza dell'imbecillità.

Quali sono gli ingredienti del Pensiero Unico?

Il Capo ha sempre ragione perché è il Capo e non può sbagliare. Chi dissente dal Capo è un traditore. Il dissenso è complotto. Il complotto è sempre internazionale. Gli avversari politici complottano e vanno sterminati, o, comprati. Il Capo è bello e amato dalle donne.

In una puntata di *Iceberg*, trasmissione di Telelombardia, condotta da Daniele Vimercati, del mese di novembre 2001, Maurizio Belpietro, direttore del «Giornale della Famiglia», nel commentare la sparata di Berlusconi in Spagna sulla «guerra civile» dei magistrati ha detto: «Chi non si ribella agli attacchi della stampa estera è un traditore». A sua volta Selva, presidente della Commissione esteri della Camera, per dare manforte ha aggiunto: «Vimercati, mi permetta, io sono del mestiere e ho fatto l'inviato per 14 anni. Vede, questi ("Economist", "Le Monde", "El Mundo", "El País", "Washington Post", "Newsweek", "New York Times" ecc.) sono giornali che non contano e nei loro Paesi hanno pochi lettori. Inoltre, Lei sa che i corrispondenti esteri prendono le notizie dai giornali contrari a Berlusconi, "Repubblica" e "Corriere della Sera"». E pensare che Selva (radio belva la ricordate?) fa il presidente della Commissione esteri e lo mandano anche in giro per il mondo a rappresentare l'Italia. Ma non è finita: nonostante i 14 anni passati all'estero come corrispondente Rai, quando ha visto l'edizione francese dell'*Odore dei soldi* in mano a Vimercati ha perso la trebisonda: «Libri come questi rovinano l'immagine dell'Italia». E poi: «Perché questa foto in copertina?» La fotografia del Capo che la casa editrice Fayard ha messo in copertina la ritiene offensiva e per patriottismo io avrei dovuto oppormi, anche perché il Capo è bello per definizione e, anche se non lo è, tutti si devono convincere che lo è. Riconosco che il Capo in quella foto non è bello e somiglia a un simpatico mascalzone. Ma a me la foto piace moltissimo e consiglio il Capo di appenderla dietro la scrivania dell'ufficio della Farnesina, perché è molto umana e, soprattutto, stimola gli ambasciatori a parlare di affari, secondo la nuova strategia che Ruggiero non aveva voluto capire. Cosa si può fare? Giuro che Travaglio e io non abbiamo complottato, che il libro è stato scritto in casa con il mio sgangherato computer e con quello di Travaglio, che è migliore del mio, che non ne avevamo parlato con nessuno, che il centro-sinistra appena è uscito il libro ci ha attaccato più del centro-destra, che in molti incontri per presentarlo i supporter dell'Ulivo non volevano nemmeno farmi parlare e nelle regioni rosse ho avuto scontri durissimi soprattutto con i militanti Ds, che la casa editrice francese ha messo quella fotografia senza consultarci.

Al termine del suo primo giorno alla Farnesina, il Capo, che ha già capito tutto, sommerso dai fotografi e dalle telecamere, ha dichiarato: «C'è una centrale italiana della sinistra che si mette in contatto con gli amici nei vari Paesi, che attivano altri giornalisti e giornali amici per costruire critiche contro di noi». Il Cavaliere sarebbe un grande protagonista di *Striscia la notizia*! Dal momento che, come dice Biagi, se avesse le tette farebbe anche l'annunciatrice, non si capisce perché non abbia chiesto a Ricci di fare l'ospite fisso.

Nella versione Forzitaliota, il Pensiero Unico rischia di scadere nella farsa perché il Cavaliere S. Banana è «ignorante» come dice Cossiga, improvvisa, tratta la politica e gli interlocutori come al mercato, ha in testa solo gli affari, pensa di poter contrattare tutto, uomini e cose. Mentre il Capo cerca di strafare: dà di gomito a Chirac che si sottrae, fa capire di essere il fratello italiano di Bush, racconta barzellette perché vuole essere simpatico a tutti i costi, regala orologi d'oro, batte i pugni sul tavolo quando gli altri partner lo snobbano e lo mettono in castigo e poi si vende le sconfitte per vittorie dicendo che ha fatto l'Unità d'Italia al posto di Cavour, i

Soci si danno un contegno. Sono seriosi come Tremonti che, nel salotto di Vespa, si fa schiaffeggiare da Arena, un comico, perché pare che solo i comici abbiano la schiena dritta e sono capaci di usare le armi del sorriso e l'umorismo che loro, i Soci, detestano. Vito, Schifani, Gasparri, Fede, in televisione sono uno spasso e rischiano di rubare, inconsapevolmente, il mestiere ai comici di professione.

Le Toghe Rosse

Leggo articoli e dichiarazioni carichi di indignazione per quanto sta accadendo al processo SME. Mentre scrivo questo capitolo, mi interrompo per leggere sull'«Unità», che sulla legalità e la giustizia per fortuna non molla la presa, gli interventi di Gianni Vattimo e Francesco Bonito. Li sottoscrivo parola per parola. Però, in tutte le prese di posizione, estrema, ma comprensibile, quella di Nando dalla Chiesa, favorevole a votare per legge l'immunità a Berlusconi e a 10 amici scelti da lui, per evitare che le leggi salva ladri e salva criminali vengano utilizzate su larga scala da migliaia di persone che delinquono, serpeggia un pizzico di meraviglia per quello che sta accadendo. No. Non c'è da meravigliarsi. Altrimenti c'è il rischio che si ripeta quanto è avvenuto negli anni dal 1996 al 2001. Siamo sinceri e onesti: Berlusconi, Dell'Utri, Previti, non ci hanno riservato nessuna sorpresa. Erano stati chiari. Anzi, chiarissimi e con molta abilità hanno temporeggiato, dialogato, convinto, finché non è arrivato il momento giusto. Con loro era necessario comportarsi come con il boss che ti propone un affare, magari vantaggioso. L'affare con il boss non si fa nemmeno se si mette in doppio petto. E non si va al matrimonio dei figli e al suo funerale. Quanti hanno frequentato, anche fuori dei Palazzi della politica, il Cavaliere e quanti aspirano a farlo! Quanti si sono innamorati dell'attività «bibliofila» di Dell'Utri e del suo circolo! Quanti hanno frequentato il Club di Previti sul Tevere! Eppure loro erano stati chiari. Andate a vedere i progetti di legge presentati alla Bicamerale e vi accorgerete che erano gli unici coerenti, se si esclude il cosiddetto Giusto processo, che forse allora sembrava una forzatura.

Quando c'è di mezzo la pelle si fa qualsiasi cosa per sopravvivere, perché la galera non solo è terribile, ma rischia di mandare in frantumi patrimoni enormi, soprattutto se odorano di illegalità.

Il Cavaliere aveva dichiarato pubblicamente (ve lo ricordate?): «Se sarò assolto vorrà dire che c'è ancora una giustizia in Italia; se sarò condannato vorrà dire che la democrazia ha ceduto il posto al regime contro il quale gli uomini liberi e i partiti che li rappresentano hanno il diritto di reagire in tutti i modi, dalle dimostrazioni di piazza all'ostruzionismo parlamentare». Con uno così, cosa si fa? Si discute come cambiare la Costituzione e la Giustizia? No. Con uno così che dice chiaro e tondo che lui le regole, se la partita non la vince, non le rispetta, non si discute. E come se una squadra dicesse: gioco solo se vinco, altrimenti non ci sto. Con uno così, si lotta per mandarlo a casa. Al resto, con giustizia, ci pensino i giudici. Eppure, non ho mai visto una sola persona che tirasse fuori questa dichiarazione e gliela sbattesse sul muso.

Confalonieri è stato altrettanto esplicito e bisogna dargliene atto. «La verità è che se Berlusconi non fosse entrato in politica, se non avesse fondato Forza Italia, noi oggi saremmo sotto un ponte o in galera con l'accusa di mafia. Col cavolo che portavamo a casa il proscioglimento nel lodo Mondadori.» Ora, se «entrando in politica» hanno portato a casa il proscioglimento nel lodo Mondadori, c'è qualcuno che si meraviglia che avendo a disposizione l'ingegner Castelli, non cerchino di portare a casa la prescrizione nel processo SME?

Allora, da qui bisogna partire per capire la campagna del Cavaliere contro le Toghe Rosse e come è riuscito a convincere almeno metà degli italiani che le Toghe erano davvero rosse. Il lavoro è stato lungo e tenace e i messaggi che sono passati nel cervello degli italiani, difficili da cancellare, sono i seguenti:

1. La magistratura delle Procure è fatta di comunisti che agiscono per fini politici. Ha svolto

compiti impropri, si è intromessa con violenza nella vita dei politici che pure sono abbastanza protetti e domani potranno farlo con qualsiasi cittadino indifeso: poche e scarse le reazioni del centro-sinistra.

2. Le condanne le hanno comminate le Procure senza prove. Per cui, se in Parlamento o in un convegno, uno si azzardava a parlare di magistrati e di giudici indifferentemente, lo fulminavano dandogli dell'ignorante. Poi sono stati così abili nel convincere i cittadini che le persone le arrestavano Davigo e Maddalena e loro stessi le condannavano. Il GIP, il Tribunale della libertà, i tre gradi di giudizio, nella comunicazione, sono spariti d'incanto: deboli le repliche degli avversari politici e, il più delle volte, tecniche, non avendo capito che era stata messa in atto una strategia politica e di comunicazione micidiale, che si è rivelata vincente.
3. Il Parlamento deve essere preservato dalle incursioni dei giudici e deve diventare una zona franca perché ci stanno i rappresentanti del popolo, che il popolo ha eletto e vede ogni settimana, magari a passeggio con la famiglia, sul corso, nell'ora dello struscio: tutti d'accordo.
4. Una cosa è la politica e un'altra sono le inchieste giudiziarie. Per cui, da Socrate in poi, la moralità pubblica non ha contato più nulla nella

contesa per la partecipazione alla vita pubblica: messaggio ampiamente condiviso dal centro-sinistra.

5. La presunzione di innocenza vale anche per i politici, per cui, un politico, finché non è stato condannato dalla Cassazione è innocente e può ricoprire qualsiasi carica: messaggio ripetuto dall'onorevole Finocchiaro in questi giorni a proposito delle dimissioni del capo del governo, qualora fosse condannato.
6. I patrimoni dei politici devono essere salvaguardati dalla eccessiva ingerenza di Autorità costituite apposta, perché poi le stesse conseguenze potrebbero subirle i cittadini comuni: messaggio largamente condiviso nei fatti.
7. Le intercettazioni telefoniche rischiano di essere usate strumentalmente e di entrare nella vita privata di ognuno di noi: la legge è stata approvata con larga maggioranza.

Tutta la coalizione di centro-destra ha sposato e diffuso questi messaggi arrivati ovunque ci fosse un solo elettore della Casa delle Libertà, che li ha imparati a memoria, e li ha diffusi contribuendo alla propagazione del Pensiero Unico nonostante, come è scritto nel capitolo sugli Smemorati, Berlusconi, Fini e Bossi si fossero insultati a sangue, senza ritegno e senza dignità. Il martellamento è stato continuo e ben dosato dalle televisioni del Cavaliere. Preparata la pubblica opinione, in un Paese come il nostro, quale poteva essere l'accusa per screditare la magistratura? O Corruzione o Comunismo. Sostenere la prima era complicato. Ci hanno provato con Di Pietro. Ma sarebbe stato difficile, per non dire impossibile, estendere l'accusa a molti altri magistrati impegnati nelle inchieste di Tangentopoli, i quali, il più delle volte, si erano astenuti persino da frequentazioni del tutto normali. Perciò hanno puntato sul colore e sull'appartenenza politica comunista, che in Italia funziona sempre, anche con persone che comuniste non sono mai state.

Poiché a forza di battere il chiodo si può rimanere frastornati, pur avendo la convinzione che la stragrande parte dei magistrati delle Procure ha condotto le indagini e ha maneggiato l'obbligo dell'azione penale in maniera corretta, ho raccolto i dati sulle Procure di Milano, Torino, Napoli e Venezia, le più impegnate nei processi di corruzione, per il numero degli indagati, la gravità dei reati e il peso dei politici implicati, allo scopo di smentire il Grande Imbroglio. I dati si riferiscono alla eventuale appartenenza politica e all'appartenenza alle correnti della magistratura, al numero di indagati, rinviati a giudizio, condannati, arrestati e alle persone che hanno patteggiato la pena. Sono le Procure che secondo il Cavaliere hanno fatto fuori una intera classe dirigente.

Torino. Ha guidato le inchieste negli anni dal 1992 al 1994 Marcello Maddalena, «tutt'altro che Toga Rossa» come ama dire, iscritto a Magistratura Indipendente, nella quale confluiscono magistrati e giudici moderati e di destra. Sul sito Internet di Mario Cicala, uno dei leader di MI, è pubblicato un lungo articolo dal titolo «Tutte Toghe Rosse?» Sottotitolo: L'area moderata fra magistratura, politica e cultura. Nell'articolo è scritto che il 1° luglio del 1997, presso la sede della rivista «Ideazione» (centro-destra), si è tenuto un incontro con magistrati, uomini politici, uomini di cultura. Tra gli altri erano presenti Maddalena e Agnoli, i quali «si battono contro la sinistra giudiziaria» dal 1968. L'autore continua così: «I giudici che per tanti anni hanno condotto una dura battaglia antimarxista assistono con profonda amarezza a certe posizioni del Polo della libertà. Avvertono il pericolo che la politica della giustizia del Polo consegni il governo della magistratura alla sinistra». L'articolista conclude ricordando che il 90 per cento dei magistrati è iscritto all'associazione nazionale della magistratura, che il 90 per cento degli iscritti partecipa alle elezioni del direttivo e il 90 per cento a quelle del Csm.

A Torino, dal 1994 al 2000, ha guidato le inchieste Maurizio Laudi iscritto a MI. Ora il capo è Mario Griffei il quale non è iscritto a correnti.

I sostituti che hanno fatto le inchieste sono: Vittorio Corsi mai iscritto a correnti; Ferrando Giuseppe di MI; Bruno Tinti, che si occupa di reati finanziari e indaga su Telecom, Telecom Serba ecc., di MI. Per curiosità ricordo che nel processo Dell'Utri il PM era Cristina Bianconi di MI.

Prima conclusione: a Torino tutti i magistrati che si sono occupati dei politici, degli imprenditori e degli amministratori erano moderati o di destra. Nessuna Toga Rossa.

Negli anni dal 1992 al 2000, per reati di Tangentopoli sono state indagate circa 500 persone, delle quali circa la metà sono state arrestate. Di queste ultime, solo tre sono state assolte. Complessivamente ha patteggiato oltre il 75 per cento del totale degli indagati. Le persone rinviate a giudizio sono state quasi tutte condannate. Gli indagati appartenevano a tutti i partiti politici con una prevalenza di democristiani e socialisti. Tra gli imprenditori e i politici più noti: Cesare Romiti e Marcello Dell'Utri (entrambi condannati in tutti i gradi di giudizio), Vito Bonsignore (parlamentare Dc) condannato per corruzione; Giusi

La Ganga (parlamentare Psi) ha patteggiato più volte; Garesio (parlamentare Psi) condannato; Quagliotti e Greganti (Pci-Pds) condannati.

Milano. I capi di Mani Pulite sono stati Borrelli, laico, di cultura liberale, forse repubblicano, ma non ha mai manifestato idee politiche e D'Ambrosio, di sinistra. Il timone dell'inchiesta l'ha sempre tenuto Borrelli con tanta autorevolezza da non essere nemmeno sfiorato da una minima polemica all'interno della Procura. Le indagini le hanno fatte Di Pietro, Colombo e Davigo nella prima fase e poi sono stati associati Greco, Parenti e Jelo. Nell'ultimo periodo Ilda Boccassini.

Di Pietro non si era mai occupato né di politica in generale né di politica associativa, al punto che quando i magistrati, il 3 dicembre del 1991, hanno scioperato a causa dello scontro con il presidente della Repubblica Cossiga, lui non ha partecipato allo sciopero. Cossiga ne ha preso nota e ha avuto un innamoramento momentaneo perché ha visto in lui il modello del magistrato apolitico e ubbidiente alle autorità. Nel Molise, in casa Di Pietro, erano contadini democristiani, di quelli che pensavano che i comunisti mangiassero i bambini e questo è stato l'insegnamento della madre alla quale Antonio era legatissimo.

Quando Di Pietro si è dimesso dalla magistratura e ha cominciato a pensare alla politica, tutti i leader, compresi Berlusconi e Fini, e gli organi di informazione, hanno sempre sostenuto che era un moderato con simpatie di destra. Bertinotti, invece, lo chiamava l'uomo «mascherato». Quando è entrato nel governo Prodi, Tremaglia l'ha considerato un tradimento.

Gherardo Colombo era di MD, ma gli attacchi più feroci li ha avuti dal centro-sinistra. Cesare Calvi ha detto di lui che «farneticava e delirava e quindi doveva rivolgersi a uno psichiatra». Marco Boato commentando una sua intervista sulla Bicamerale ha detto che «l'analisi del magistrato era un fatto paranoide nel senso tecnico della parola. Un delirio di onnipotenza». I commenti di D'Alema, che non ha mai amato il Pool di Milano, sono stati anche più sprezzanti.

Per Davigo, il «dottor sottile» della Procura, che nell'inchiesta ha avuto un ruolo determinante, perché aveva il compito di scrivere e motivare tutte le richieste e di giustificare gli atti della Procura, chiamarlo «Toga Rossa» è un'offesa. Si sa per certo che nel 1994 An lo aveva contattato per offrirgli un posto di ministro.

Davigo, nella copertina del libro *La giubba del Re*, ha scritto: «Io vengo da un piccolo paese ai confini col Piemonte e quando ero ragazzino sentivo i vecchi che avevano un curioso modo di dire. Nella vita, spiegavano, non bisogna portare livree; ma se qualcuno ha necessità di portarla, l'unica da indossare con orgoglio è la giubba del Re. Questa espressione non era altro che il concetto sintetico del servizio di Stato». Mi pare che ogni commento sia superfluo. Come si fa a definire Toghe Rosse Borrelli, Di Pietro, Colombo e Davigo è un mistero che nessuno riuscirà mai a spiegare. Basta scorrere le pagine dei giornali per verificare che le polemiche più insidiose nei riguardi del Pool sono state scatenate da rappresentanti del centro-sinistra: D'Alema, Boato, Pisapia, Manconi, Salvi, quasi tutti i Popolari e tanti altri.

Il Pool di Milano dal 17 febbraio 1992 al 16 novembre 2001 ha indagato 4495 persone: per 3175 è stato chiesto il rinvio a giudizio e per 1320 la pratica è stata trasferita ad altri uffici. Sono state rinviate a giudizio 1251 persone delle quali 645 pari al 65 per cento sono state condannate, 160 pari al 15 per cento assolte, 222 pari al 20 per cento circa prescritte, 161 pendenti ancora, 65 altri casi.

Davanti al GIP e al GUP 587 pari al 56 per cento sono state condannate, 269 pari circa al 10 per cento sono state assolte, in 163 casi pari al 6 per cento i reati si sono prescritti, 351 sono anco-

ra pendenti, 422 sono state inviate ad altre autorità, 63 altri casi. Le posizioni definite dal tribunale e nei gradi successivi sono 1090.

Il Cavaliere S. Banana e i suoi amici hanno sempre battuto il chiodo sul fatto che gli uomini del Pci-Pds erano stati graziati dal Pool. Questa storiella, che non si capisce per quali ragioni i rappresentanti del centro-sinistra non hanno bloccato sul nascere, è smentita dagli orientamenti politici personali di alcuni dei magistrati che hanno avuto peso determinante nell'inchiesta, dalla loro nota formazione culturale, ma, soprattutto dalle proposte che hanno ricevuto dal centro-destra che ha vinto le elezioni nel 1994, dalle dichiarazioni pubbliche dei loro leader, dai numeri e dai nomi degli inquisiti e degli arrestati a Milano e in Lombardia. A parte l'integrità morale e la competenza professionale di Borrelli, conosciute, apprezzate e incontestabili, non si capisce perché Borrelli che ha sempre guidato con mano ferma il Pool e non è mai stato comunista, avrebbe dovuto favorire il Pci-Pds che oltretutto aveva perduto le elezioni. Borrelli ha fatto la sua carriera per meriti indiscutibili e non ha certo bussato ad alcuna porta politica per farla. Così come non si capisce perché magistrati che probabilmente votavano per i partiti di governo e, uno di loro, nel 1994, ha anche votato per FI, avrebbero dovuto favorire i «comunisti». Se così fosse, perché a Di Pietro e a Davigo il Polo ha offerto posti di ministri? E, ancora, perché Berlusconi, l'8 dicembre del 1994, badate bene ben 16 giorni dopo avere ricevuto l'avviso di garanzia per la corruzione della Guardia di Finanza, mentre era a Napoli alla Conferenza dell'Onu, che a suo dire «ha cambiato la storia d'Italia» in una intervista al «Messaggero» ha fatto l'apologia di Di Pietro come nessuno prima aveva fatto? Vogliamo ricordare le parole del Cavaliere? Eccole: «*Sarebbe giusto che un uomo con le sue qualità le facesse valere sulla scena politica. La sua discesa in campo potrebbe essere una buona cosa. La sua ansia moralizzatrice è patrimonio di tutti e potrebbe essere utile al Paese*». E ancora: «*I miei giornali, le mie tv, il mio gruppo sono stati in prima linea nel sostenere i giudici di Mani Pulite*». Attenzione, chi dice queste cose è sempre la stessa persona, per di più presidente del Consiglio. Ma come? I magistrati del Pool per cacciarlo dal governo 16 giorni prima lo convocano, lo espongono a una figuraccia di fronte al mondo intero, cambiano la storia d'Italia e 16 giorni dopo del Simbolo dell'inchiesta lui dice queste cose? Amnesia di 16 giorni? Furbizia? Schizofrenia? No, il Cavaliere S. Banana si comporta come un piazzista qualsiasi, un magliaro e pur di salvare la pelle e vendere la sua merce che sa di essere avariata, le tenta tutte. Tanto, per lui, le parole che, spesso sono come pietre, non contano. Un impegno non sa cosa sia. Il disonore si smacchia come in lavanderia. Del Cavaliere S. Banana non c'è quindi da meravigliarsi. Ma i suoi avversari politici perché hanno fatto passare tutto questo come nulla fosse, lasciando che almeno metà degli italiani credessero alle sue parole? Mi chiedo quanti italiani sanno che l'8 dicembre del 1994, 16 giorni dopo la riunione di Napoli, che Berlusconi ha tirato in ballo per 7 anni tutti i giorni per dimostrare che i magistrati del Pool erano comunisti e volevano liquidare il suo governo, lui ha detto quelle cose del Pool di Milano e di Di Pietro, smentendosi clamorosamente. È possibile che a nessun giornalista televisivo sia venuto in mente di chiedergli: «Scusi, Cavaliere, ma queste frasi sono sue o se l'è inventate il "Messaggero"? E se sono sue come le giustifica. Come possiamo pensare che uno come lei sia idoneo a guidare il Paese se si comporta così?» C'è voluto un giornale moderato e autorevole come l'«Economist» per assumersi la responsabilità di scrivere che Berlusconi è «unfit», non è idoneo a governare. E passando a Fini, se anche lui era convinto che i magistrati di Milano erano «comunisti» come mai teneva i rapporti con Davigo e gli ha offerto un posto di ministro e perché incontrava Di Pietro, con la mediazione di Tremaglia, che ha fatto di tutto per portarlo nel Polo, dicendogli che avrebbe potuto assumerne la leadership, al posto di Berlusconi?. La risposta è una sola: perché An considerava Davigo e Di Pietro, motori di Mani Pulite, omogenei alla destra. Il gioco è durato fino a quando il Cavaliere ha puntato su Fini come sindaco di Roma in contrapposizione a Rutelli, il quale ne è diventato, col passare del tempo alleato, qualche volta scomodo, e poi maggiordomo. Ce li ricordiamo i missini, o fascisti, perché allora era la stessa cosa, i quali marciavano con le bandiere sul Palazzo di giustizia di Milano al grido di ladri ai politici della prima Repubblica, rivendicando l'esclusiva della solidarietà ai magistrati del Pool, perché loro avevano patito all'opposizione per cinquant'anni e «non avevano nulla a che spartire con le canaglie e i ladri che avevano saccheggiato la Repubblica».

Quando si dice che i «comunisti» sono stati risparmiati o si è del tutto disinformati, ma uno come La Russa non può esserlo, o si mente sapendo di mentire. A Milano il Pci-Pds da Mani Pulite è stato raso al suolo.

Arrestati: Epifanio Licalzi, assessore ai lavori pubblici del comune che certamente conta più di un deputato; Sergio Soave, capo delle cooperative rosse; Roberto Cappellini, segretario cittadino

Pci-Pds; Luigi Carnevale, numero due della metropolitana; Bruno Cremascoli, rappresentante del partito nelle IPAB; Massimo Ferlini, assessore comunale; Renato Pollini, amministratore nazionale del partito; Marco Fredda, responsabile del patrimonio immobiliare del partito e membro della direzione nazionale; Giovanni Battista Zorzoli, membro del consiglio di amministrazione dell'Enel.

Sono stati inquisiti e poi assolti: Gianni Cervetti, Barbara Pollastrini, Marcello Stefanini, amministratore nazionale del partito, i quali non potevano essere arrestati perché deputati.

Mancano all'appello gli uscieri e le centraliniste della Federazione di via Volturno. Mi rendo conto che è stata un'omissione grave, ma Di Pietro e gli altri non erano molto pratici delle cose comuniste e non sapevano che erano loro i veri padroni del partito!

Lo so: mancano anche D'Alema e Occhetto che «non potevano non sapere». Anche questa del «non potevano non sapere» è una bufala giocata ad arte da Craxi, dal Cavaliere e da tutti gli altri imputati eccellenti che sono stati colti con le mani nel sacco. Non c'è una sola sentenza, di nessun grado di giudizio, nella quale sia scritto che la condanna è avvenuta perché l'imputato «non poteva non sapere». Perché se un giudice l'avesse scritto sarebbe diventato lo zimbello dell'intera magistratura e la sentenza sarebbe stata cancellata dalla Cassazione. In Italia in un processo che fila liscio l'imputato viene giudicato da 14 giudici. Ma nessun processo di Mani Pulite, a causa dell'importanza degli imputati e della bravura e notorietà degli avvocati, è filato liscio, per cui le condanne sono arrivate dopo che il processo è stato vagliato da un numero maggiore di giudici, di sedi diverse, con ruoli diversi, che spesso non si conoscevano. Quindi hanno condannato solo quando le prove erano schiaccianti. Per Craxi, *ad abundantiam*, si è applicata anche la Corte Europea di Strasburgo. E poi se non c'è riuscito Nordio a incastrare Occhetto e D'Alema, tanto che ha dovuto chiederne il proscioglimento, significa che prove a loro carico non è riuscito a trovarne.

La Procura e il Tribunale di Milano hanno svolto un lavoro enorme che non ha precedenti, onorando il Paese in tutto il mondo. I magistrati del Pool non solo sono stati invitati a partecipare a decine di incontri internazionali, diventando esempio e punto di riferimento, anche investigativo e tecnico giuridico, per tanti magistrati che in altri Paesi hanno iniziato a occuparsi di corruzione, ma gli stessi cittadini italiani all'estero li hanno accolti con orgoglio perché il Paese faceva finalmente pulizia ed era portato ad esempio dai giornali e dalle televisioni di tutto il mondo.

La percentuale delle condanne è stata elevata, certamente molto più elevata della media nazionale per reati finanziari e contro la pubblica amministrazione, commessi da politici e da imprenditori, e, quel che più conta, confermate largamente nei gradi superiori di giudizio.

La percentuale delle prescrizioni è stata bassa, se si tiene conto della media nazionale, delle leggi bloccaprocessi approvate dal Parlamento, del clima irrespirabile e di intimidazione che si è determinato prima nei confronti dei magistrati della Procura i quali hanno subito 14 procedimenti disciplinari avviati, uno dal ministro Mancuso e gli altri dal procuratore generale e da Flick, i più insidiosi, una sorta di gioco fra Toghe Rosse! Non ne sono rimasti immuni nemmeno i giudici del tribunale, i quali hanno dovuto affrontare ricusazioni, eccezioni procedurali di ogni tipo, assenze favorite dal Parlamento, tendenti a bloccare i processi, messe in atto dai potenti inquisiti: quattro presidenti del Consiglio, ministri, sottosegretari, sindaci di grandi città, amministratori di società e imprenditori che controllavano tre quarti dell'economia pubblica e privata del Paese.

Per la prima volta dall'Unità d'Italia in poi, il

dettato costituzione dell'Uguaglianza dei cittadini di fronte alla legge è diventato una realtà concreta e ha restituito grande prestigio e dignità alla magistratura e speranza ai cittadini. Era necessario bloccare il vento della riforma morale e civile del Paese e ci sono riusciti. Vi hanno contribuito egregiamente gli errori di molti magistrati che però non sono mai stati attaccati, gli errori di Antonio Di Pietro commessi prima che facesse Mani Pulite e quando è entrato in politica, gli errori enormi e inspiegabili del centro-sinistra, e, riconosciamolo, l'abilità di Berlusconi che ha giocato tutti.

A Milano è stata sperimentata fino in fondo la nuova strategia per cui gli avvocati famosi pagati a suon di centinaia di milioni non sono serviti per difendersi «nel» processo, ma «dal» processo.

Napoli. Il capo è stato sempre Agostino Cordova. Notoriamente di destra, che non ha fatto sconti a nessuno. In conflitto permanente con lo Stato e con le ammnistrazioni di sinistra, che ha inquisito anche per fatti banali, come l'uso dei telefonini cellulari. Gli scontri, anche pubblici con Bassolino, al punto che dove c'è il governatore non va il procuratore, sono noti. La Procura ha indagato gli amministratori oltre che sull'uso dei telefoni cellulari, sulla pubblicità dello stadio San Paolo perché a suo avviso gli spazi non erano concessi a un costo adeguato, sui Boc, buoni ordinari comunali. Gli indagati sono stati prosciolti.

I magistrati della Procura che hanno condotto le inchieste sono: Arcibaldo Miller, difeso alla morte dalla destra in Commissione antimafia, perché nella relazione conclusiva sulla Campania, alcune indagini che lo riguardavano erano state trattate ampiamente. Miller era associato a Magistratura Indipendente e come lui i magistrati Nunzio Fragliasso, Alfonso Davino, Antonio D'Amato, tutti notoriamente moderati. La Tangentopoli napoletana ha visto centinaia di persone indagate di tutti i partiti politici, tra i quali spiccano Paolo Cirino Pomicino, Vincenzo Scotti, Francesco De Lorenzo, Antonio Gava, Carmelo Conte, Giulio Di Donato, il solito Saverio Citaristi, Alfredo Vito, mezzo governo del pentapartito e, naturalmente, tutti perseguitati dalle Toghe Rosse, che non c'erano. Insieme a loro, anche un po' di ex comunisti come Paolo De Luca, imprenditore, Giuseppe D'Alò e Morra Ferdinando, consiglieri regionali, Bernardino Impegno, segretario della federazione del Pds, assolto in primo grado.

Le inchieste principali hanno riguardato: gli appalti della ricostruzione post-terremoto; la costruzione della metropolitana e della funicolare; la linea tranviaria rapida; gli ospedali Monaldi e Cotugno; la sanità e i farmaci. A proposito degli ospedali, il dottor Fragliasso mi ha detto che rubavano su tutto, dall'acquisto di beni e servizi alle posate e alla carta igienica. Nel processo sui farmaci sono stati imputati Poggiolini, De Lorenzo, i fratelli Rondanelli di Pavia che hanno patteggiato, e altri personaggi illustri. Il professor Elio Guido Rondanelli ha detto che si era pentito e si vergognava. Almeno questo, anche se per essere credibile avrebbe dovuto dirlo pubblicamente chiedendo scusa ai poveri malati derubati. Ma gli altri non hanno fatto nemmeno quello che ha fatto Rondanelli e si considerano prigionieri politici «della tangente». Per fare due esempi sulla devastazione della spesa pubblica, nel processo sulla ricostruzione del dopo terremoto sono stati accertati 30 miliardi di tangenti e in quello sulla sanità 37 miliardi ed è stata disposta la confisca di 47 miliardi di lire. Naturalmente, i signori, mentre rapinavano l'erario pubblico, si battevano per tagliare la scala mobile (degli altri). La rapina sui farmaci era tale che il prezzo di una medicina, che ho preso per anni, si era dimezzato.

Francesco De Lorenzo, il premio Nobel mancato, a causa della persecuzione delle Toghe Rosse, batte tutti i record e capeggia la classifica dei ladri, perché è stato imputato e condannato in quasi tutti i processi della Tangentopoli napoletana. Poiché anche suo padre ottantenne era stato arrestato per corruzione, evidentemente la cleptomania è un vizio di famiglia, che ci auguriamo non dipenda da un cromosoma speciale e ancora poco conosciuto. I processi della Tangentopoli napoletana in corso di svolgimento sono 20 e per tutti si profila la prescrizione. Questa è la ragione per la quale il Cavaliere gode di tanta popolarità presso tutti i politici e imprenditori corrotti del Paese. Il loro destino e, per molti, la ripresa dell'attività e la possibilità di ricominciare a rubare, quando non l'hanno già fatto, dipende dal Cavaliere S. Banana, benefattore dei Barattieri.

A **Venezia**, altra Procura che ha chiesto l'arresto di non poche persone, e che ha iniziato le inchieste, vanto del dottor Carlo Nordio, prima di Milano, dopo una fase iniziale durata fino al settembre 1992, nella quale il PM era Salvarani. Le inchieste le ha fatte Carlo Nordio, con GIP diversi. Nordio è stato iscritto alla Gioventù liberale fino al 1977 e si definisce un liberale einaudiano. Aveva aderito a Magistratura Indipendente, senza fare attività associativa. Ora è presidente della Commissione ministeriale, per la riforma del codice penale, nominata dal governo Berlusconi, che ha sostituito la Commissione Grosso. Nordio è stato contrario alla riforma del codice di procedura penale del 1989 ed è favorevole alla separazione delle carriere dei magistrati. Non fa mistero della sua vicinanza «culturale» al centro-destra. La prima inchiesta di Nordio ha coinvolto i portaborse di Bernini e De Michelis, tutti arrestati e condannati, dice con un pizzico di orgoglio il PM che poi aggiunge di essere stato troppo severo con le manette. I due capi hanno patteggiato in appello, quindi per Nordio è come se fossero stati condannati. La seconda inchiesta importante ha riguardato gli ospedali veneti: 100 indagati e 40 arresti. La percentuale di arrestati supera quella di Mani Pulite e non è poco. Gli appalti andavano per l'80 per cento alla Dc e al Psi e per il 20 per cento alle cooperative rosse. Quindi erano coinvolti esponenti di tutti i partiti.

La terza inchiesta che ha fatto discutere molto è stata quella sulle cooperative rosse agricole nella quale sono stati indagati anche D'Alema e Occhetto. Il factotum era il «compagno F» che sta per «Fontana», una sorta di Greganti veneto il quale «non ha ammesso nemmeno di stare al mondo». Per i due leader, Nordio ha chiesto l'archiviazione perché «non si può chiedere di rinviare a giudizio il partito».

Bisogna dire che Occhetto e D'Alema sono stati molto fortunati perché se il PM fosse stato un altro, avrebbero gridato allo scandalo, dicendo che era una Toga Rossa. Nordio è l'unico del quale non hanno potuto dirlo.

Per concludere. Ho parlato con alcuni magistrati e ho raccolto personalmente i dati. Toghe Rosse non ne ho trovato. I magistrati che hanno fatto le inchieste sulla corruzione e sui reati finanziari per oltre il 90 per cento erano moderati o di destra.

Alcuni avevano alle spalle anni di battaglie frontali contro la cosiddetta sinistra giudiziaria, che è stata sempre fortemente minoritaria.

Il dato non meraviglia per niente. I liberali veri e una certa destra con il senso dello Stato sono molto più attenti alle regole, per formazione culturale, di certa sinistra. L'esempio più eloquente è Bertinotti, molto sensibile alle questioni e ai diritti sociali dei lavoratori, molto meno alle regole e alla legalità. D'altronde, giustamente Bobbio, ha scritto che la sinistra ha sempre avuto la cultura del partito e non quella dello Stato.

Esclusi Antonio Di Pietro e Tiziana Parenti, nessun altro magistrato impegnato nelle inchieste delle Procure più esposte, ha scelto la politica.

Ma entrambi sono stati invitati a farlo da Berlusconi, il quale a Di Pietro aveva offerto il ministero dell'Interno e ha ricevuto un secco no e alla Parenti, forse, aveva promesso il ministero della Giustizia che poi non le ha dato, probabilmente perché un po' autonoma e avara di informazioni sul Pool.

Rogatorie in vista. Il Cavaliere mi cerca

Il 5 marzo 1997 ho presentato una proposta di legge di due articoli sulle rogatorie, firmata da 36 deputati, dei quali 3 di Alleanza nazionale: Malgieri, Lembo, Napoli e Stajano, eletto con l'Ulivo e poi passato al Polo. Il succo della proposta era questo: in presenza di rogatorie internazionali si interrompono i termini di prescrizione per i reati di corruzione, concussione, estorsione, falso in bilancio e false comunicazioni sociali. Per prima cosa ho parlato con Mussi, capogruppo Ds, e con Folena, responsabile giustizia del partito, i quali mi hanno incoraggiato e mi hanno consigliato di parlarne con Violante per ottenere la discussione in sede legislativa, cioè, in commissione, senza passare per il voto della Camera. Violante era d'accordo. Loro sapevano benissimo quale capacità dirompente avesse la proposta. Ho telefonato a Costanzo e gli ho detto che se fosse stata approvata si sarebbero recuperati molti miliardi fatti sparire dai tangentisti nelle banche dei paradisi fiscali. Si dichiarò entusiasta e mi invitò per la sera successiva alla trasmissione, dicendomi di passare dal suo camerino appena fossi arrivato. Cosa che ho fatto puntualmente. «Veltri, si prenda il mio numero di fax personale e mi informi sempre su come vanno le cose perché ho intenzione di parlarne ogni settimana.» Ero molto contento e mi chiesi se stavo sognando. In trasmissione (era presente anche la madre di una bambina scomparsa sul monte Faito che credo non sia stata più ritrovata) Costanzo mi dette modo di illustrare la proposta e disse che sarebbe tornato spesso sull'argomento. Mi preparavo a lavorare per ottenere l'esame in sede legislativa, quando, dopo qualche giorno, nel Transatlantico, un deputato mi ha avvertito che mi stava cercando Berlusconi. Non avevo nemmeno fatto in tempo a chiedere la ragione che mi sono trovato il Cavaliere di fronte: «Veltri, vorrei parlarle». «Presidente, mi dica.» «Non qui, meglio andare nel corridoio di dietro così stiamo più tranquilli.» Mentre andavamo verso il corridoio parallelo al Transatlantico, dove sono appese al muro le fotografie dei presidenti della Camera, il Cavaliere ha iniziato a parlare: «Veltri, io non capisco come Lei, socialista, di cultura libertaria, possa stare con questi qui». «Questi qui», stava per la sinistra che per il Cavaliere è monolitica, comunista e con una missione permanente: buttarlo sul lastrico. «Presidente, mi dica cosa è successo.» A quel punto è diventato un fiume in piena. «Ma lo sa che si stanno prendendo tutti i posti. Un'occupazione in piena regola dello Stato.» «Faccia una cosa, lei sollevi la questione in aula con nomi e cognomi e vedrà che io prendo la parola e protesto.» «Ma come si fa! Questo non è possibile. Non si può.» «Lo sa che c'è di peggio.» «Di peggio? E cosa?» «Guardi che Visco manda la Guardia di Finanza agli avversari politici.» «Presidente, questo è gravissimo e intollerabile. Se lei lo dice in aula io faccio un casino tale che nemmeno immagina.» «Veltri, ma come si fa! Non si può.» Intanto eravamo arrivati nel corridoio retrostante. «Guardi che io ho sempre avuto una grandissima stima per lei. Leggevo tutti gli articoli che scriveva sul "Giornale". Anzi ero stato io a chiedere a Feltri (che nega) di farla scrivere.» Il Cavaliere era straordinario. Sul «Giornale», finché è durata, ho scritto sempre contro di lui. Un vero seduttore. Sempre col sorriso. Mentre parlavamo mi dicevo: «Ma quando tira fuori le rogatorie!» Andammo avanti a parlare ma alle rogatorie non accennava affatto. E se non parlava delle rogatorie, perché uno come lui, per il quale il tempo è davvero denaro e che mai prima avevo incontrato, era venuto a cercarmi? «Guardi, Veltri, che io ho visto bene Mani Pulite. Non se ne poteva più. Ci voleva. La Procura di Milano ha fatto un bel lavoro. E anche l'opera di Di Pietro è stata importante.» «Presidente, sono contento che la pensi così.» Poi si è fermato un attimo per prendere fiato e ha aggiunto: «Ma che ca… c'entro io!» Non raccolgo. «Presidente, ieri sera l'ho vista da Vespa a *Porta a Porta*.» «Ah, mi ha visto?» Temevo che mi chiedesse com'era andato perché mi avrebbe messo in imbarazzo e l'ho preceduto: «Presidente, permette un'osservazione?» «Certo Veltri, dica, dica pure.» «Presidente, lei ha parlato tutta la sera di Rete 4 che…», ma non mi fa finire e si scatena: «Per la Fiat avete fatto la rottamazione. Dovete fare anche la rottamazione delle antenne, altrimenti come si fa ad andare sul satellite, non tutti hanno la possibilità di acquistare un'antenna satellitare». «Presidente, lei non mi ha fatto finire, volevo farle un'osservazione che è questa: se lei vuole fare davvero il capo dell'opposizione, quando va in televisione non può parlare delle sue aziende.» Il Cavaliere si ferma, mi guarda e poi mi dice: «Veltri lei ha ragione, ma è più forte di me!» L'incontro è finito. Mentre guadagniamo il Transatlantico, mi ringrazia e mi dice che è stato un piacere parlare con me. E le rogatorie? Chi vuol capire capisca avrà pensato il

Cavaliere. E io ho capito subito perché Costanzo non l'ho più trovato e la proposta di legge sulle rogatorie, nonostante tutto il mio impegno, non solo non ha ricevuto il via per la Legislativa, ma non è mai stata messa all'ordine del giorno della Commissione giustizia. Il Cavaliere avrà spiegato a tutti – maggioranza, opposizione e Costanzo – che se fosse passata, Previti, Dell'Utri, Lui e altri amici avrebbero rischiato di finire dietro le sbarre davvero e non potevo certo pretendere che accadesse con l'aiuto del palcoscenico di Costanzo. Questo era davvero troppo.

Il mandato di cattura europeo e il terrore di finire dentro

Il Cavaliere con un lavoro tenace è riuscito a convincere la maggioranza degli italiani che è stato perseguitato dalle Toghe Rosse. Ora è venuto il momento di convincere l'Europa. Perciò ha aperto la fase due della campagna. L'occasione propizia è stato il viaggio del 13 novembre 2001 a Madrid e l'incontro delle delegazioni dei due governi amici, anzi fratelli. Alla conferenza stampa di rito, affollata di giornalisti curiosi, alcuni dei presenti gli hanno fatto domande sulle sue disavventure giudiziarie. A quel punto, il

Cavaliere, ha colto l'occasione, dimenticando di essere capo del governo e per di più all'estero, in visita ufficiale, e ha dato sfogo all'atto d'accusa contro la magistratura spiegando che in Italia un manipolo di magistrati comunisti alla fine degli anni Ottanta si è «infiltrato» nei gangli più delicati e importanti delle Procure e ha condotto una vera e propria «guerra civile» per eliminare la vecchia classe dirigente (che lui stesso aveva definito incapace, corrotta e parassita, quando tifava per il Pool di Milano) e per liquidare il suo governo. Aznar che gli siede accanto, sconcertato, si gira i pollici, guarda il soffitto, cerca di trattenerlo e alla fine gli dice: «Silvio, basta, l'hai già detto. Dobbiamo andare». La sua è una vera ossessione, ma anche una missione, per cui la campagna di delegittimazione della magistratura del «suo» Paese, continua. A cena, ai capi di Stato e di governo dell'Unione, increduli, ha spiegato di stare molto attenti perché l'internazionale comunista dei giudici può mettere in galera anche loro. Ormai il Cavaliere non parla d'altro e quanto prima volerà in America per spiegare al suo amico Bush che anche lo scandalo Enron, che vede coinvolti molti collaboratori del presidente, e sul quale Bush non ha potuto fare a meno di chiedere di indagare al suo ministro della Giustizia, è stato architettato dai comunisti, d'accordo con la corrente della Cia che fa la fronda, per incastrarlo.

Per le stesse ragioni il Cavaliere ha anche deciso di ritirare la delegazione italiana composta di tre magistrati, Mario Vaudano, Nicola Piacente e Alberto Perduca, che la Commissione europea aveva deciso di assegnare all'Olaf, l'organismo europeo per la lotta alle frodi, affidandone la direzione proprio a uno dei tre. Il Cavaliere, che probabilmente non sapeva nemmeno cosa fosse l'Olaf, e se non lo sapeva lui non poteva saperlo l'ingegnere Castelli, ha drizzato le orecchie e gli è venuta la pelle d'oca quando gli hanno fatto leggere l'articolo del giudice francese Jean De Maillard, sicuramente comunista, scritto su «Liberation», dal titolo «Berlusconi, honte (vergogna) de l'Europe». A parte il titolo che non lo avrà infastidito più di tanto perché ai titoli e alle vignette impietose della stampa estera è ormai abituato, il contenuto dell'articolo lo avrà messo di cattivo umore. De Maillard, infatti, scrive: «Si può comprendere che il capo del governo, scampato miracolosamente alle inchieste anticorruzione, veda con malanimo la costituzione di équipe europee capaci di fare nel suo Paese le indagini che egli vorrebbe impedire ai magistrati italiani. È chiaro che una parte dei suoi sforzi per impedire alla giustizia italiana di raccogliere prove su di lui sarebbe vanificata se magistrati italiani che conoscono i circuiti della corruzione della penisola e le organizzazioni criminali, facessero in seno all'Olaf ciò che non potrebbero fare in Italia. Tenuto conto che le prove raccolte dall'Olaf sono giuridicamente valide davanti ai giudici nazionali e che l'Olaf potrebbe concludere inchieste che i procuratori italiani non hanno più i mezzi per fare». Sulla stessa lunghezza d'onda un articolo di «Newsweek»: «Se dovete spararvi in un piede, scegliereste il destro o il sinistro? Il primo ministro italiano si è trovato di fronte a questo dilemma. Doveva seguire l'esempio degli altri Paesi europei e accettare il cosiddetto mandato di cattura europeo, permettendo l'estradizione di crimini come frode, riciclaggio e corruzione? Oppure, come alcuni sospettavano avrebbe resistito, cercando di mettere se stesso al riparo da una inchiesta in Spagna contro il suo impero mediatico?. Qualunque cosa avesse deciso la ferita avrebbe fatto male. Come ora tutti sanno Berlusconi ha deciso di adeguarsi all'Unione Europea. Ma ora deve occuparsi dell'altro piede sanguinolento». Come si vede, all'estero il Cavaliere è diventato oggetto di scherno, di disprezzo e materia per barzellette. «Attenzione che isoli l'Italia dall'Europa, gli dice qualcuno dei collaboratori più avveduti e Lui, senza batter ciglio, risponde: Ma no! È l'Europa che si sta isolando dall'Italia.» Il Cavaliere visto da Altan, con una Banana nella mano destra e con la scritta: «L'Europa si sta isolando dall'Italia: questa è la vera faccia della frittata», sintetizza in maniera straordinaria, più di tanti discorsi, le umiliazioni mutate in farsa, che il nostro Paese vive con il governo di centro-destra.

Lui, d'altronde, è stato chiaro e l'ha spiegato anche ai suoi che fanno le anime candide: «Non possiamo permettere che arrivi qui in Italia un qualsiasi procuratore bulgaro e ci arresti!» Naturalmente «bulgaro» sta per Garzon, De Maillard, Ruimbeke, Bertossa o qualche altro. Berlusconi è terrorizzato. Per anni ha temuto che il Pool di Milano lo mettesse in galera. E Confalonieri, che lo conosce bene e gli è davvero amico, ha detto che loro sono «scesi» in politica per salvare gli affari e salvarsi dalla galera. Allora, perché tanta ipocrisia? Il Cavaliere ha vissuto momenti angosciosi perché doveva decidere se decidere da capo del governo o da imputato di corruzione della magistratura romana. E vi pare poco? Chi di noi non sarebbe angosciato? Come capo del governo poteva solo aggiungere un'altra figuraccia a quelle che lui e i suoi amici collezionano settimana dopo settimana e la cosa finisce lì. È vero che l'Italia ha tutto da rimetterci, ma poi le cose passano e la gente dimentica, così pensava il Cavaliere. Come imputato rischiava di scavarsi la fossa con le sue mani. Ma ve la immaginate la scena se un PM «bulgaro» gli spicca un mandato di cattura per corruzione in base a un accordo che lui stesso ha firmato? Tutti i suoi amici e sostenitori gli direbbero: «Bravo grullo. Ti sei scavata la fossa con le tue mani e l'hai scavata anche a noi: ministri e sottosegretari solo per merito tuo, grand commis dello Stato, uomini di affari ecc.». Perciò lo capisco. Si fa presto a dire firma quando la pelle è degli altri! Fanno presto i Fassino e i Rutelli e anche gli Schroeder e i Chirac. Io vorrei proprio vedere Schroeder, che sembra il più intransigente, nei panni del povero Cavaliere. Facile fare i moralisti e i duri quando non si rischia niente. Allora bisognava pensarci prima. Perché quando si è capo di un governo, come il nostro, ci si difende come si può. Ma vi pare che si possano fare le prediche ed esortare il Cavaliere a tenere conto dell'interesse del Paese? Per convincere i nostri partner europei sulle difficoltà oggettive del Cavaliere sarebbe stato sufficiente inviargli la sentenza di Caltanissetta e i libri che sono stati scritti su di lui. Se il problema fosse stato posto prima, forse avrebbe anche capito. Le manette, d'altronde, le avevano provate anche altri imprenditori. Ma dopo tanti sacrifici, tante fatiche e tantissimi soldi spesi! Dopo essere ritornato a Palazzo Chigi, come gli si può chiedere di firmare la sua condanna a morte! Una via per uscirne c'è. Puntare alla prescrizione facendo partire il mandato di cattura dal 2007. L'Europa può aspettare. Tanto per Bossi è «Forcolandia» e Castelli arringando, con il fazzoletto verde bene in vista nel taschino, il popolo della Lega ha urlato: «Se non mi fossi opposto al mandato di cattura europeo tutti voi (come l'operaio della Bovisa) avreste rischiato di essere arrestati da un qualsiasi magistrato europeo di sinistra, e vi assicuro che ce ne sono molti, solo perché siete qui a manifestare contro l'immigrazione clandestina». E pensare che uno come Castelli ci deve rappresentare anche all'estero. Ma cosa hanno fatto di male i cittadini italiani, oltre ad avere votato per Berlusconi, da meritare uno come Castelli ministro della Giustizia, il quale, a proposito della scrivania che fu di Togliatti, ha anche detto che è piccola, quindi «si vede che lavorava poco». Come dice quel genio dell'ingegnere, anche gli inglesi non sono entrati nell'euro e non è stata certo una catastrofe. Per cui, se l'Italia non entra nello spazio giudiziario europeo, non sarà una tragedia. Per certi versi avremmo anche da guadagnare perché l'Italia diventerebbe un bel paradiso fiscale, pronto ad accogliere tutti i criminali perseguitati dai magistrati comunisti, con i loro soldi.

La sceneggiata

In Europa, il Nostro non ha trovato solidarietà né sulle rogatorie né sul mandato di cattura europeo perché ormai tutti, politici e giornalisti, sono convinti che sono in gioco i suoi interessi giudiziari e ne parlano apertamente. Ruggiero, solidale con i partner europei, aveva detto ai colleghi: «Provate a spiegare a Bruxelles che il governo italiano è preoccupato per l'eventuale proliferazione dei fantasmi di Garzon in Europa. Provateci voi e vi faranno a fette». E loro non solo ci hanno provato collezionando figuracce, ma hanno fatto a fette Ruggiero, il quale è stato trattato come un mentecatto e costretto a dimettersi, con grande gioia del Cavaliere, di Tremonti e di Bossi. Ruggiero… stava per chiedere qualcuno a Tremonti nella trasmissione di Vespa. La risposta ha troncato la domanda ed è stata tagliente: «Ruggiero, chi? Qui stiamo parlando di economia», e cioè di cose serie. I commenti dei partner europei e della stampa internazionale sono stati un massacro. «Italia isolata» ha titolato il «Financial Times». «El Mundo», giornale della destra spagnola che sostiene

Aznar, ha scritto: «Vergognoso: è l'aggettivo più soft che si possa meritare il governo italiano». Questa volta nemmeno Aznar e il suo promettente genero Agag, giovane leader del Ppe, hanno potuto aiutare il Cavaliere, per il semplice motivo che il capo del governo spagnolo è riuscito a scalzare dal governo i socialisti di Felipe Gonzalez, dopo avere condotto una tenace battaglia contro la corruzione della vita pubblica. Se Aznar avesse mostrato comprensione si sarebbe esposto ad attacchi in Spagna e all'estero e glielo avrebbero rinfacciato ricordandogli di avere sempre tuonato contro i corrotti. Per cui, alla fine, avendo dovuto ingoiare il rospo, perché Verhofstadt, presidente belga di turno dell'Unione, gli ha detto chiaramente che gli altri Paesi avrebbero fatto a meno dell'Italia, il Cavaliere ha fatto buon viso a cattivo gioco e ha firmato. «Firmo, anche se malvolentieri», ha detto il Cavaliere, considerato ormai come un «sorvegliato speciale», un provvedimento «nefasto» e «di chiaro stampo forcaiolo». Le stesse parole di Bossi. Ma cosa ha firmato? Ha recitato una sceneggiata in piena regola, mandata in onda dalle televisioni come esempio di rinnovato europeismo rampante, commentata dai giornali con qualche imbarazzo, anche perché i quotidiani di altri Paesi continuano a sparare senza tregua sul capo del governo. L'«Unità» ha titolato «Il trappolone», perché di questo si tratta. D'altronde, gli obiettivi dell'operazione li spiega bene Stefano Folli sul «Corriere della Sera» (12 dicembre) il quale afferma: «Berlusconi ha sfruttato il caso dell'euromandato per avvicinarsi al suo obiettivo: porre le premesse della riforma della giustizia in Italia, vincere la guerra contro un settore della magistratura. Da oggi si è aperto uno spiraglio». È chiaro, infatti, che al momento di cambiare la Costituzione, com'è sua intenzione, se l'opposizione non ci sta, il Cavaliere ribalterà le responsabilità, accusandola di remare contro l'Europa. Perciò è necessario uscire dalle ambiguità, dai mezzi riconoscimenti, dalla voglia di «elevare» il dibattito per non parlare delle vicende personali del Cavaliere e dei suoi sodali, come se non fosse stato egli stesso, in privato, e il suo ministro della Giustizia, di fronte a migliaia di leghisti padani e alle telecamere, a manifestare il timore di essere arrestati. Prima di commentare le argomentazioni del «trappolone» è necessaria una premessa. Esiste in Europa un Paese, che più del nostro, ha bisogno di organizzare la lotta alla illegalità a livello sovranazionale? Assolutamente no. Se parliamo di mafia, terrorismo, riciclaggio di denaro, corruzione, che spesso sono facce della stessa medaglia, il Paese più interessato a chiedere legislazioni e strumenti processuali europei è il nostro. Seconda questione: nel dibattito sul mandato di cattura europeo gli altri Paesi, compresa l'Inghilterra, che ha sancito il principio dell'Habeas Corpus con la Magna Carta, anche se la legge istitutiva è del 1679, ha inventato la democrazia parlamentare, ha impiccato il re nel 1649, perché si era sottratto «all'imperio della legge» e aveva prevaricato il Parlamento, sono stati fatti passare dagli esponenti della maggioranza come Paesi con legislazioni disinvolte, senza garanzie, poco rispettosi dei diritti dei cittadini. E non certo perché in alcuni il pubblico ministero è sottoposto al controllo dell'esecutivo, che non si permetterebbe mai di intervenire per influenzare una indagine e tanto meno un processo, o perché non è prevista l'obbligatorietà dell'azione penale, capisaldi di garanzie per attuare il principio costituzionale dell'uguaglianza dei cittadini di fronte alla legge, ma perché le loro legislazioni non prevedono tre gradi di giudizio, che con il riesame diventano quattro, e prevedono, invece, l'esecuzione della pena dopo la condanna di primo grado, come negli Stati Uniti.

Allora è bene precisare: il mandato di cattura europeo, strumento di intervento più rapido del sistema delle estradizioni, di fronte alla criminalità che è sempre più trasnazionale e trascontinentale, con la modifica della Costituzione c'entra come i cavoli a merenda. Inoltre, noi abbiamo bisogno di combattere terrorismo, criminalità, riciclaggio oggi e non nel prossimo millennio. La compatibilità della nostra legislazione con quella degli altri Paesi dell'Unione è già garantita per i reati individuati, dalle Convenzioni internazionali e dai trattati sottoscritti. Se fosse il contrario dovremmo concludere che abbiamo delegato a trattare degli incompetenti.

Se il governo vuole utilizzare il mandato di cattura europeo per cambiare la Costituzione nei punti riguardanti l'obbligatorietà dell'azione penale, la separazione delle carriere dei magistrati e per introdurre l'indirizzo del governo e del Parlamento nella scelta dei reati da perseguire anno per anno, se ne assuma la responsabilità con chiarezza di fronte al Parlamento e al Paese. Ma non contrabbandi la decisione con la necessità di dovere «armonizzare» la nostra legislazione con quella degli altri Paesi perché se fosse vero si dovrebbe armonizzare anche la legislazione riguardante i tre gradi di giudizio, sopprimendone uno, la motivazione della sentenza e la esecutività delle sentenze di primo grado. E poi, è bene ricordare che l'operazione che si vuole fare è tanto strumentale che se l'Europa avesse accettato la lista dei 6 reati scelti dal governo non si sarebbe mai parlato di adeguamento delle legislazioni. Strana posizione quella del governo e del ministro Castelli, il quale, non si capisce se c'è o ci fa, che in nome della tutela delle garanzie, propongono di eliminare le garanzie costituzionali fondamentali che fanno della nostra costituzione un modello invidiato da tutti proprio nel settore della giustizia. Qualcuno ha detto che se il centro-sinistra si impegna più di tanto nella difesa della magistratura si isola. A parte il fatto che non è in gioco il destino della magistratura, ma della democrazia, il centro-sinistra deve decidere con chiarezza, e una volta per tutte, se isolarsi nel palazzo dal Polo o se isolarsi da milioni di cittadini. La chiarezza è necessaria perché le posizioni dei vari esponenti dell'opposizione spesso divergono fra di loro e le ambiguità persistono. Nella trasmissione *Porta a Porta* dell'11 dicembre mentre Castelli sfoderava i muscoli vantandosi di avere imposto la linea del governo all'Europa (l'atteggiamento del ministro mi ha ricordato quello di alcuni ricoverati nei vecchi manicomi i quali dicevano di essere Napoleone!), il dottor Spataro, magistrato del Csm, ha sostenuto con forza, in polemica con Boselli e con la vecchia maggioranza di centro-sinistra, che nella scorsa legislatura il «processo penale è stato devastato» da leggi come il cosiddetto Giusto processo e da tante altre approvate da entrambi gli schieramenti. Se non si è d'accordo si deve spiegare perché i reati si prescrivono, le pene non si scontano, i Previti non si processano, e l'Italia viene condannata continuamente dalla Corte di Strasburgo. A meno che qualcuno non pensi che la responsabilità è dei magistrati che sono dei fannulloni e non hanno voglia di lavorare.

Il disegno è chiaro ed è quello di sempre: delegittimare la magistratura, separare le carriere dei giudici e dei magistrati con l'obiettivo di riportare questi ultimi sotto il controllo del potere politico e affidare al Parlamento il compito di indicare anno per anno i reati da perseguire. Castelli si è già portato avanti e in Senato, dopo avere attaccato pesantemente i magistrati «politicizzati», ha citato la Francia e l'Inghilterra come esempio di Paesi nei quali i pubblici ministeri vengono nominati o controllati dal governo. La mozione votata, definita un «grave atto di intimidazione» nei confronti dei giudici di Milano che giudicano Berlusconi e Previti, firmata da centinaia di professori universitari di diritto, è sulla falsariga dell'intervento del ministro.

Non ci faremo processare

Ormai è chiaro a tutti che Berlusconi e Previti non intendono farsi processare e se il tribunale riuscisse a farlo e li condannasse metterebbero in discussione la condanna. La strada intrapresa è chiara. Per spostare il processo a Brescia o altrove, Previti ha detto che Borrelli ha fatto un accordo con i giudici del tribunale per concludere con una condanna degli imputati. L'accusa è gravissima ed è ancora più grave che il capo del governo e il ministro della Giustizia tacciano. L'avvocato Ghedini, difensore di Berlusconi, che nella trasmissione di Santoro aveva dichiarato di volere concludere rapidamente il processo a Milano, ha dato ragione a Previti. Giustamente, D'Ambrosio ha replicato dicendo che se Previti dimostrasse quello che ha detto, dovrebbero essere arrestati sia lui che Borrelli. Purtroppo, ci troviamo di fronte a persone decise a tutto, capaci di inventare qualsiasi nefandezza, tanto, sul piano morale, non hanno nulla da perdere. Ricordo che il senatore Iannuzzi, non più di un mese fa, si è inventato un complotto internazionale con la partecipazione dei magistrati Paciotti, Boccassini e di alcuni colleghi di altri Paesi, è stato smentito, e non è successo niente.

Mai prima era accaduto che un processo dopo due anni non era riuscito a entrare nel merito a causa dei mille tentativi di sabotaggio degli avvocati della difesa, complici le decisioni della Camera dei deputati.

Ma facciamo un passo indietro fino alla seduta della Camera nella quale è stata discussa la richiesta di arresto di Previti per il caso IMI-SIR, sempre per corruzione dei giudici romani.

Aula stracolma come nelle grandi occasioni, con 610 presenti su 615, al momento del voto, 21 di più della seduta nella quale si discuterà se arrestare Dell'Utri, perché Previti non è stato certo con le mani in mano e quando qualcuno ha provato a defilarsi, come il Capo, l'ha richiamato subito all'ordine. D'altronde, con la galera non si scherza e Previti su queste cose non scherza davvero. Se non si fa processare dal tribunale della Repubblica, certo non avrebbe permesso assenze degli amici alla Camera. E bisogna dire che dagli interventi e dai voti presi, amici alla Camera Cesare Previti ne aveva molti e, sono certo, ne ha ancora. La Giunta delle autorizzazioni presieduta da Ignazio La Russa, il quale organizzava a Milano i sit-in davanti al Palazzo di giustizia, è a maggioranza di centro-sinistra, ma Previti ha la maggioranza e supera il primo ostacolo: per la giunta niente arresto. Sì, certo, su questioni come l'arresto di un deputato gli schieramenti non dovrebbero prevalere mai. I deputati devono rispondere alla loro coscienza. Ma non ho mai capito perché sempre e solo i deputati di centro-sinistra rispondono alla loro coscienza e nemmeno uno del centro-destra. Possibile che nessuno del

Polo pensasse che Previti andava arrestato? Certo che qualcuno lo pensava. Ricordo bene che al ristorante della Camera, la sera e nei giorni successivi, più di un deputato mi ha detto che chiunque con quegli indizi sarebbe stato arrestato. E quando ho chiesto perché non avevano votato per l'arresto, hanno allargato le braccia come per dire: «Ma che domanda fai? Ordini di scuderia!» D'altronde, come dice Manzoni, se uno il coraggio non ce l'ha non se lo può dare.

All'inizio della seduta parte il relatore, Carmelo Carrara, magistrato in aspettativa, siciliano, non molto tenero con i suoi colleghi in servizio effettivo e nemmeno riconoscente verso quelli che hanno pagato con la vita il servizio allo Stato. Carrara non ha dubbi: la richiesta di arresto «ha finalità politiche» e i giudici di Milano mostrano «accanimento». Devo dire che queste parole sono le poche che si capiscono della lunga relazione. Ma tant'è, sono quelle che contano, perché dicono che le conclusioni di Carrara sono scontate. Carrara fa parte del Polo e quindi non si può pretendere di più e di meglio. Intervengono 19 deputati della maggioranza o di quella che diventerà maggioranza con il governo D'Alema da lì a pochi mesi e ben 9 (Miraglia Del Giudice, Schietroma, Li Calzi, Izzo, Carotti, Abbate, Borrometi, Cananzi, Manzione) sono contrari all'arresto di Previti. È una grande prova di indipendenza e di autonomia di giudizio! D'altronde la Costituzione non dice che il parlamentare risponde solo alla nazione? Anche tutta la Lega è contraria all'arresto di Previti e negli interventi, dopo avere sparato a zero su Roma ladrona, Previti, il Celtico, viene assolto anche da loro. Che necessità c'è di arrestare Previti, tanto sarà processato subito perché le indagini preliminari sono già completate e al processo dovrà dimostrare la sua innocenza, è il ritornello di tutti gli intervenuti. Processatemi subito, dice l'interessato, mentre pensa che cercherà di non farsi processare mai. «È inutile pretendere che un'Assemblea rappresentativa funzioni se vi sono dentro 100-150 persone tormentate dal sospetto o dal convincimento di trovarsi in faccia a un ministro disonesto.» Sono parole di Felice Cavallotti scritte nella lettera agli Onesti di tutti i partiti, inviata ai parlamentari, mentre si discuteva lo scandalo della Banca Romana. Le cito. Il contesto è diverso, ma anche nel caso IMI-SIR, c'è di mezzo una banca pubblica che i Rovelli hanno truffato per mille miliardi e che secondo l'accusa, Cesare Previti, corrompendo i suoi amici giudici, ha aiutato a truffare. Dopo gli interventi, Previti replica per due minuti, con l'atteggiamento e le parole di chi sa che ha già vinto, anzi stravinto. Sottolinea che il problema non è suo personale, perché la custodia cautelare «riguarda la cultura giuridica del Paese e il ruolo della principale e decisiva istituzione di garanzia che è la magistratura inquirente e requirente». Poi, il tocco finale: «Ho esercitato con onore per quarant'anni la mia professione di avvocato, una professione appassionante e al tempo stesso delicata e difficile, mai abusandone per compiere o favorire attività indegna di essa». Non era lui il tutore della contessina Casati Stampa, proprietaria della villa di Arcore acquistata con raggiri e per due lire da Berlusconi con la sua mediazione? E non è la stessa persona che ha in corso tre processi per corruzione dei giudici? Essendo così certo della sua innocenza, non si capisce perché non si faccia processare di volata e dimostri che le «Toghe Rosse» di Milano volevano davvero incastrarlo. Il voto finale è stato plebiscitario: su 610 presenti ben 341 hanno votato contro l'arresto e 248 per l'arresto. Tenuto conto che il centro-sinistra e Rifondazione avevano la maggioranza assoluta, almeno 80 deputati della maggioranza hanno graziato Cesare Previti. Sul caso IMI-SIR è emerso solo un dettaglio, e fuori dell'aula di Montecitorio, riguardante la «parcella» di 21 miliardi, così l'ha chiamata Previti, ricevuta dagli eredi Rovelli, per il suo lavoro. Ventuno miliardi? Sì, proprio 21. Si è arrabbiato da morire un avvocato che esercita davvero e che sapeva bene che Previti in tutta la sua vita aveva messo poche volte il piede in tribunale. L'avvocato è Taormina, Tao per gli amici. Tao indignato ha tuonato: «Nessun avvocato al mondo ha visto mai una parcella da 21 miliardi: è indifendibile. Quello che sta venendo alla luce è solo la minima parte del marcio che si è sedimentato oltre ogni limite a Roma». Se lo dice Tao dobbiamo proprio crederci. Primo perché è un bravo avvocato che non ha mai percepito una parcella di 21 miliardi ed è giustamente indignato. Secondo perché meglio di lui pochi conoscevano il porto delle nebbie. Terzo, perché sicuramente, facendo parte della stessa squadra e conducendo le stesse battaglie «ideali» contro i giudici, conosce bene il «collega» Previti. Anche Feltri si è arrabbiato. «È inammissibile, per uno che è stato ministro aver ricoverato in Svizzera 20 miliardi dribblando il fisco. Ma con la faccia che si ritrova come può scappare?» Caro Vittorio, infatti, Previti non scappa. Lavorando poco, perché prima del salvacondotto per non farsi processare, non veniva nemmeno alla Camera, si gode la vita che solo i giudici gli rendono un po' movimentata.

Al processo! Al processo! Come: Alla Convenzione! Alla Convenzione! urlavano i deputati inconsapevoli. Il processo meriterebbe il lavoro teatrale e cinematografico di un bravo regista, interpretato dallo stesso Previti. Chissà se l'onorevole non ha già pensato, a prescrizione avvenuta, di rendere un grande servizio a tutti gli imputati perseguitati dalle Toghe Rosse con un bella fiction televisiva, ben retribuita, sulle reti Mediaset. Un lavoro utile e dilettevole: si guadagnano soldi e ci si diverte a mostrare, con una buona dose di arroganza maschile di marca squadristica, come due signore oneste, un PM e un Giudice, che fanno il loro dovere e non mollano, possono essere annientate dalla prescrizione.

Il governo della Famiglia

I primi cento giorni di governo del Cavaliere sono stati davvero memorabili e saranno oggetto di studio per tutti coloro che si occupano di scienza della politica e studiano le moderne democrazie. In nessun Paese, almeno formalmente democratico, il governo, i ministri, il Parlamento, hanno occupato la maggior parte del tempo di lavoro per risolvere i problemi privati del Capo. Il Cavaliere a ogni seduta del Consiglio dei ministri chiede a Lunardi: «Ma quando mi fai inaugurare il primo cantiere?» Poi si rivolge a Stanca, il ministro inesistente, e gli dice: «Ci dobbiamo vedere per capire per quale ragione ti ho nominato ministro e cosa devi fare». Ma dove trova il tempo se deve pensare da mattina a sera come approvare le leggi «bloccaprocessi» che comunque devono passare per l'aula, deve parlare per ore con gli avvocati per decidere la tattica quotidiana dei suoi processi, deve inventarsi gli alibi per incolpare di tutto le Toghe Rosse, deve studiare come raccontare balle agli altri capi dei governi dell'Unione. Ammettiamolo: è una grande fatica. E Lunardi, il quale credeva che il Ponte di Messina era stato già costruito, ha proprio bisogno dei consigli del Capo. Così come ne ha bisogno Stanca che non ha ancora capito perché è andato a fare il ministro. A Pisanu, invece, che era della Banda dei Quattro con Zaccagnini e ha capito tutto, ha confidenza con il Capo ed è anche ministro per l'Attuazione del programma e cioè ministro di niente, quando gli ricorda che il programma dei primi cento giorni che ha firmato da Vespa riguardava le famiglie italiane e non la Famiglia, risponde: «Cosa c'entra. Sono cose che si dicono in campagna elettorale. Lo fanno tutti. Non penserai davvero che fossi convinto di aumentare le pensioni a tutti e di diminuire le tasse. Io sono imprenditore e quattro conti li so fare. Perciò sapevo benissimo come stavano le cose. E poi, scusa, tu vieni dalla Dc e certe cose non c'è bisogno che te le dica io: ci vuole gradualità, se no, si abituano male e poi non ci votano più. Stai tranquillo che le cose le faremo e appena faccio fuori un ministro di An che sta con Fini, ti cambio pure il ministero perché tanto siamo tra di noi e non abbiamo bisogno di controlli sull'attuazione del programma». Il Cavaliere, poi, gli dà un consiglio: «Caro Beppe, bisogna conoscere la psicologia degli italiani. Tu dimentichi le cose. Quando mi occupavo della Fininvest a tempo pieno, un giorno, in un incontro con i venditori di Publitalia, ho detto: ricordatevi che gli italiani sono come i bambini di 11 anni e anche un po' scemi».

Le leggi per la Famiglia, approvate nei primi cento giorni, hanno fatto il giro del mondo e danno lavoro a tanti giornalisti e vignettisti di altri Paesi per i quali il Cavaliere è una manna. La legge più chiacchierata, che ha fatto uscire dai gangheri anche il suo amico Bush, il quale non lo voleva ricevere, è quella sulle rogatorie. Immagino il presidente nello studio ovale, che si lascia andare con la sua più stretta collaboratrice: «Insistono perché riceva Berlusconi. Ma come? Io ho chiesto a tutto il mondo di prosciugare i depositi di soldi sporchi, di sveltire le procedure giudiziarie e di investigazione, per collegarsi in tempo reale in modo da non dare tregua ai terroristi e a chi li finanzia; Giuliani ha rifiutato persino un assegno di Al Walid, che poi è socio di Silvio, ufficialmente perché ha detto due parole in difesa dei palestinesi e di critica alla nostra politica estera, ma in realtà perché è saudita e non si fida dell'odore dei soldi e Silvio, che dice di essere mio amico, approva una legge che complica le cose, rimette in piedi le procedure di estradizione che sono lunghissime, litiga con tutti i capi di governo europei che alla prima occasione gliela faranno pagare e, per che cosa, per salvare quel suo amico con la faccia da Chicago che ha qualche guaio con la giustizia». «Ma guardi presidente che qualche guaio c'è l'ha anche il presidente Berlusconi.» «Sì lo so, lo so, ma cosa volete che gli capiti. È capo del governo. È amico mio. Può stare tranquillo.» Bush aveva proprio ragione perché il Cavaliere non ha trovato un solo esponente politico disposto a sostenerlo e la stampa internazionale lo ha messo sulla graticola e si è esercitata al tiro al piccione. E più lui cerca di dimostrare che la legge sulle rogatorie, subito battezzata legge Previti, è una buona legge, che non c'entra nulla con i suoi processi e con quelli di Previti, più gli altri si accaniscono perché si sentono presi in giro. In un incontro con i giornalisti a Bruxelles, il Cavaliere è partito in quarta e se l'è presa con «un club di menzogne che ha trovato riscontro nella stampa nazionale e internazionale». Il complotto rimane una costante della sua difesa ogni volta che ne combina una delle sue. Vede complotti dappertutto, organizzati da una sinistra, una sorta di Invincibile armata, che inventa ogni volta che ne ha bisogno e che sa bene che non esiste, perché se la sinistra avesse un decimo delle capacità organizzative e di relazioni, che il Cavaliere le attribuisce, lui non avrebbe mai vinto le elezioni. È tanto vero che non si vede un solo manifesto sui muri del Paese per informare i cittadini sulle riforme del governo della Famiglia. Le agenzie del 27 novembre 2001 battono il commento più sferzante che fa il giro d'Europa: **«Il presidente Berlusconi ha ottenuto per l'imputato Berlusconi che siano escluse le rogatorie su cui poggia il processo Berlusconi in base alla legge del governo Berlusconi».** Altro che Club di menzogne! I primi a reagire sono gli svizzeri che si sentono presi in giro. Hanno firmato, dopo lunghe trattative, un accordo che il governo e il Parlamento, a maggioranza di centro-sinistra, hanno bloccato per oltre due anni. Per la prima volta nella storia della Confederazione, l'accordo prevedeva che si facesse luce sui forzieri elvetici nei quali ha depositato denaro sporco mezzo mondo e poi d'un tratto quell'accordo viene demolito perché se manca un timbro o la risposta alla rogatoria non viene inviata tramite il ministero degli Esteri, viene tutto annullato e si comincia da capo. La giovane ministra della Giustizia, Ruth Metzier, chiede giustificazioni e lascia intendere che non è detto che il suo governo firmi il testo della nuova legge. Di rincalzo il procuratore generale di Berna, Bernard Bertossa, il quale, da anni si occupa di rogatorie internazionali, si lascia andare: «Berlusconi nemico del denaro sporco? Non credo». Piovono critiche da tutte le parti perché la legge indebolisce la lotta al terrorismo e alla mafia ed è chiaro che avrà ripercussioni sui processi in corso, compresi quelli di Berlusconi e di Previti. Lui, il Cavaliere, smentisce e ripete che sfida chiunque a dimostrare che un solo terrorista o un solo mafioso sarà favorito dalla legge e che c'entri qualche cosa con le sue vicende giudiziarie. Detto e subito smentito dai magistrati italiani e di altri Paesi che si occupano di riciclaggio e di lotta al terrorismo e dai fatti. «Fate un regalo a corrotti e riciclatori», tuona Van Ruymbeke, magistrato francese esperto in riciclaggio e grande criminalità. «Gli Usa contro i soldi sporchi, l'Italia nella direzione opposta», dichiara a «Repubblica» Guido Calabresi, presidente della corte di appello di New York, il quale, dopo avere ricordato che «negli Usa da tempo la giustizia considera di estrema gravità i reati finanziari (come il falso in bilancio) e li condanna a pene più pesanti dello spaccio di droga», aggiunge che «non solo i giudici americani, ma anche il governo e l'opinione pubblica finiscono per chiedersi. Perché? Cosa c'è dietro?» «Negli Usa», conclude, «c'è un giudizio negativo su questa e su altre vicende, che generano un clima di sospetto verso l'Italia.» Detto dal giudice più importante di New York, per di più italoamericano, la cosa non è né piacevole né rassicurante per l'immagine e per gli interessi dell'Italia. E i giornali? Peggio. «Un favore al terrorismo», scrive il «Los Angeles Times»; Berlusconi «fa regali a Bin Laden» commenta il «Business Week». Anche dal Parlamento europeo piovono critiche pesanti, come quella del presidente della Commissione parlamentare per le libertà, la giustizia e i diritti dei cittadini, il britannico Graham Watson, il quale dichiara che la legge è contro l'Unione Europea. Finché non arriva persino la censura ufficiale del Parlamento che viene votata anche dagli amici di Berlusconi del Ppe.

Le conseguenze della legge, in Italia, sono immediate. Castelli licenzia i magistrati del ministero che avevano espresso rilievi, perché «i tecnici devono pensarla come il ministro». E mentre a Vaduz viene scovato il tesoro di Squillante e Pacifico, imputati nei processi Toghe Sporche, e vengono bloccati 42 miliardi che naturalmente

Squillante ha risparmiato sulla pensione, gli avvocati di Pacini Battaglia, di Previti e Berlusconi, di Prudentino, capo del contrabbando internazionale e di 14 presunti terroristi islamici del GIA, in base alla nuova legge sulle rogatorie, chiedono la inutilizzabilità degli atti e l'azzeramento dei rispettivi processi, come volevasi dimostrare. Inoltre, Giovanni Pozzi, sconosciuto alle cronache, ma riciclatore di prima grandezza, accusato di avere portato in Svizzera almeno 75 miliardi di soldi sporchi è uscito dal carcere. Solo che non tutte le ciambelle riescono col buco: Gherardo Colombo e Ilda Boccassini, pubblici ministeri nel processo IMI-SIR nel quale è imputato Previti, scrivono al governo svizzero per sapere se i documenti ricevuti sono autentici e Rudolf Wiss, vicedirettore dell'ufficio federale di giustizia, risponde che «è la prima volta che un simile quesito è posto alle autorità elvetiche a 30 anni dalla ratifica della Convenzione e a più di 20 anni di giurisprudenza nazionale e di prassi internazionale». Poi si mette al lavoro e scrive che gli atti sono stati «trasmessi in conformità con la Convenzione di assistenza giudiziaria e nel rispetto della Convenzione di Strasburgo del 1990 sul riciclaggio, la ricerca, il sequestro e la confisca dei proventi di reato ratificata dalla Svizzera e dall'Italia».

Con la risposta del governo svizzero in mano il Tribunale di Milano, come altri tribunali, dichiara validi i documenti delle rogatorie che inchiodano Previti e Berlusconi e decide che i processi devono andare avanti. A quel punto gli avvocati esterni e i difensori degli imputati si scatenano. Taormina che nel frattempo su Previti ha cambiato idea, chiede l'arresto dei giudici di Milano e Previti ricusa tutti nel tentativo estremo di bloccare i tre processi nei quali è imputato per corruzione dei giudici romani.

Anche la legge sul falso in bilancio, la prima della trilogia, insieme a quella sulle rogatorie e al rientro dei capitali illeciti, sta dando i suoi frutti alla Famiglia. Paparella, uno dei pubblici ministeri che si occupa del processo del falso in bilancio della cosiddetta Fininvest parallela, con la quale, secondo i magistrati dell'accusa, sono stati costituiti 1500 miliardi di fondi neri all'estero, ha dichiarato che i faldoni contenenti i documenti del processo sono parcheggiati da mesi e non è stato nemmeno chiesto il rinvio a giudizio degli imputati perché tanto la nuova legge cancella il reato ed è perfettamente inutile perdere tempo. Probabilmente la decisione è affrettata perché anche quel processo può essere recuperato con un ricorso alla Corte Costituzionale, per violazione del Trattato e dell'articolo 10 della Costituzione, ma denota lo scoraggiamento di chi rischia di dover buttare nel cestino un lavoro durato anni.

Come si vede è proprio vero che questo governo nei primi cento giorni per le famiglie italiane ha fatto davvero poco, ma per la Famiglia ha strafatto.

Il «complotto» della stampa internazionale

Il Cavaliere è stato tanto beatificato dalla maggioranza dei giornalisti nostrani, che nella prima Repubblica Giampaolo Pansa definiva «velinari e bugiardi» e che a quanto pare non sono cambiati molto, quanto è fatto oggetto di attacchi sprezzanti dalla stampa internazionale. I giornalisti esteri puntano il dito sulla moralità del Cavaliere, sul modo poco trasparente con cui ha fatto i soldi, sui rapporti con uomini della mafia, sul conflitto di interesse, sul modo dilettantesco e provinciale con cui fa politica e si atteggia a uomo di governo, sulla priorità assoluta degli affari e del denaro, rispetto a qualsiasi altro valore. Può anche darsi che siano prevenuti. Ma il Cavaliere non fa nulla per smentire le prevenzioni e, spesso, racconta balle, facilmente percepibili, che indispongono ancora di più i giornalisti. Nei Paesi civili e nelle grandi democrazie il legame di reciproca convenienza, che giornalisti e politici stringono nel nostro Paese, non esiste. Inoltre, le interviste sono vere e non preconfezionate. Le evasioni alle risposte non sono consentite e se un politico è chiacchierato lo spellano vivo. Non mi stanco mai di ricordare che in piena guerra di Segrate per il controllo della Mondadori e di «Repubblica», quando Craxi attaccò il gruppo Caracciolo-Espresso che a suo parere «conduceva contro il Psi una campagna di odio e di denigrazione», il decano dei giornalisti esteri accreditati in Italia, Dennis Redmond, disse: «Quando John Kennedy ritenne di essere ingiustamente attaccato dal «Washington Post», reagì disdicendo il suo abbonamento e dando pubblicità alla sua decisione». D'altronde, in nessuna democrazia seria qualsiasi uomo politico potrebbe assumere responsabilità pubbliche non solo se fosse imputato di reati gravi come lo è Berlusconi, ma solamente se fosse discusso e chiacchierato.

Nelle forsennata campagna del Cavaliere contro le Toghe Rosse, molti fatti importanti sono passati sotto silenzio negli organi di informazione del Paese. Per esempio, i giornali, a varie riprese, hanno parlato delle famose carte inglesi della Fininvest, ma solo «Diario», che non leggono in molti, ha pubblicato le argomentazioni con le quali Lord Justice Simon Brown ha respinto il ricorso degli avvocati della Fininvest. Eppure le argomentazioni del vecchio Lord erano tutt'altro che trascurabili e sarebbero state utili per porre un argine al Grande Imbroglio, perché provenienti da una personalità al di sopra delle parti, se le forze politiche, che avrebbero dovuto, le avessero raccolte e utilizzate. «Non accetto in nessun modo che il desiderio della magistratura italiana di smascherare e punire la corruzione nella vita pubblica e politica e il conflitto che ciò ha creato tra i giudici e i politici in quel Paese, operi in modo tale da trasformare i reati in questione in reati politici. Al contrario, tutto ciò che ho letto su questo caso suggerisce piuttosto che la magistratura sta dimostrando al tempo stesso una giusta indipendenza politica dall'esecutivo ed equanimità nel trattare in modo uguale i politici di tutti i partiti».

Toga Rossa anche il vecchio Lord della regina inglese? Nella memoria si legge ancora: «È, a dire il vero, una ironia che i richiedenti in questo caso cerchino di essere considerati come autori di reati politici commessi in parte quando il signor Berlusconi ricopriva la carica di primo ministro. Ancor più importante, però, è che io respingo la proposizione fondamentale dei richiedenti in base alla quale fare pagamenti a politici e a partiti politici, sia per mezzo di mance in denaro, sia di donazioni illecite, a mio parere non ha alcuna importanza, costituisca reato politico in qualsiasi senso». E con sferzante ironia, tutta inglese, Lord Brown concludeva dicendo: «Non riesco proprio a vedere i pagatori corrotti della politica come i Garibaldi di oggi». Sarei molto curioso di sapere cosa ha pensato del nostro Paese Lord Justice quando il Cavaliere ha vinto le elezioni e si è ricollocato a Palazzo Chigi.

Prima delle elezioni del 13 maggio è stato un vero bombardamento sul Cavaliere e sui suoi amici. E il più delle volte, i giornali e i canali televisivi più critici sono stati quelli di orientamento moderato e di destra, che politicamente dovrebbero essere più vicini alle posizioni del Cavaliere. Il fatto è che la stampa liberale o anche di destra seria, che sostiene lo Stato di diritto e la separazione dei poteri, il mercato e il capitalismo che abbia un minimo di regole, quando si trova di fronte alla violazione sistematica delle regole e ad abusi di potere sfacciati e continuati, diventa radicale e non usa mezze misure. A marzo del 2001 è scoppiato il caso del libro *L'odore dei soldi*, ripreso dalla stampa e dalle televisioni di mezzo mondo, con articoli e commenti che avevano un comune denominatore: perché il Parlamento e il governo di centro-sinistra non hanno approvato una legge seria sul conflitto di interesse; perché Berlusconi non chiarisce la sua posizione rispetto ai problemi che con documenti autentici il libro pone e non risponde mai alle domande; come può un personaggio che ha così tanti problemi giudiziari e sul quale si addensano le nubi dei sospetti, governare un grande Paese democratico. In realtà la questione veniva posta anche ai cittadini italiani con una domanda spesso non esplicita ma chiaramente sottintesa: come fate a votarlo. Domanda che a Travaglio e a me è stata rivolta da tutti i giornalisti incontrati a Parigi quando abbiamo presentato il libro nell'edizione francese.

Il 28 aprile l'«Economist», settimanale di chiaro orientamento conservatore, una sorta di bibbia del capitalismo, che viene venduto soprattutto all'estero e arriva sul tavolo dei capi delle multinazionali, delle aziende e finanziarie del mondo più importanti, ha pubblicato la nota inchiesta sul Cavaliere con questo titolo: «Why Silvio Berlusconi is unfit to lead Italy», dove il termine «unfit» può significare inadatto e indegno. Perché Berlusconi è inadatto e/o indegno a governare l'Italia. È una bomba e non credo che mai in precedenza il settimanale inglese abbia sparato a zero su un candidato europeo alla guida del governo del suo Paese come ha fatto con il Cavaliere. L'inchiesta condotta da due giornalisti che hanno passato molto tempo in Italia è di cinque pagine, l'editoriale e altre quattro titolate «Una storia italiana», che riportano tutti i processi nei quali il Cavaliere è stato ed è imputato e la mappa delle aziende dell'impero Fininvest. Molti argomenti sono gli stessi del libro *L'odore dei soldi*, ma l'inchiesta del settimanale è del tutto autonoma e non so nemmeno se in qualche modo abbia attinto al nostro libro perché non lo cita e noi non abbiamo parlato con giornalisti dell'«Economist». L'inchiesta ha suscitato un vespaio in Italia e all'estero per l'autorevolezza del giornale e per le cose che scrive usando l'accetta. «In ogni democrazia che abbia rispetto di se stessa, sarebbe impensabile che l'uomo sul punto di essere eletto primo ministro sia stato sotto inchiesta, tra le altre cose, per riciclaggio di denaro sporco, complicità in omicidio, legami con la mafia, evasione fiscale e corruzione di politici, giudici e finanzieri. Ma il Paese è l'Italia e l'uomo è Silvio Berlusconi, quasi certamente il suo cittadino più ricco.» Come ha replicato il Cavaliere ad accuse così gravi e sprezzanti alla sua persona, che coinvolgono anche l'Italia? Anziché fornire chiarimenti e risposte, ha accusato l'«Economist», da sempre anticomunista, di essere un giornale di sinistra al servizio del complotto contro di lui. Ridicolo! E i suoi amici? Con un'alzata di spalle: tanto l'«Economist» non vota. E la stampa italiana, con qualche eccezione dei pochi giornalisti «demonizzatori», Montanelli in testa? Riportando in maniera asettica la notizia o facendo capire ai colleghi dell'«Economist» di farsi i fatti loro. Come se in una comunità sempre più integrata, con la moneta unica e con un potere decisionale sovranazionale sempre più esteso, i fatti di qualcuno, non fossero fatti di tutti.

Ben diverse le reazioni dei mezzi di informazione degli altri Paesi. «Berlusconi è a un passo dall'estradizione in Spagna per frodi fiscali»; «Berlusconi come Haider»; «Berlusconi come Putin. Se vincesse, sia la tv privata che quella pubblica finirebbero sotto il suo controllo»; «Berlusconi tra la Thatcher e Evita» titolano uno dopo l'altro «Guardian», «Liberation», «Herald Tribune», «New York Times». Lo storico inglese Denis Mack Smith, in un'intervista al «Corriere della Sera», afferma che se il Cavaliere non dà spiegazioni non potrà guidare l'Italia. Pensando di essere stato troppo audace, il quotidiano di via Solferino, nella stessa pagina, pubblica l'articolo di Ostellino dal titolo «L'occasione perduta della sinistra», nel quale il giornalista ignora totalmente l'inchiesta dell'«Economist». Nonostante i sorrisi dispensati a destra e a manca, la stampa estera non si fa sedurre e il povero Cavaliere viene infilzato come un pollo allo spiedo anche se dimostra capacità straordinarie di incassatore e sogna l'autarchia così non gli rompono le scatole. «Voglio rivedere tutti i codici come Giustiniano e Napoleone» («Le Figaro», di destra); «Mussomini surrogato di Benito» («Canard Enchainè», settimanale satirico); «Culto della personalità paragonabile solo a Fidel Castro o Kim II Sung» («Die Welt», destra); «Vincente senza principi: paillettes, scandali e seduzione» («La croix», cattolico); «Immaginate che un ciclone abbia spazzato via tutta la classe politica francese, che Chirac sia fuggito in Marocco, che un imprenditore con la più grossa fortuna e l'insieme dei mezzi televisivi del Paese entri sulla scena... ecco cosa succede in Italia» («Republique des Pyrenees»); «Nel 1994 ha riscritto le regole democratiche, ora sta esportando l'esplosivo mix di denaro illimitato, controllo dei media e potere politico» («New York Times»); «Vorrebbe governare uno Stato come una PMI» («La Libre Belgique»); «Il Nord dal federalismo alla tolleranza zero, gli estremisti Bossi e Fini all'attacco degli immigrati» («El Mundo», destra vicino ad Aznar). «Berlusconi seduce l'Italia e inquieta l'Europa» («Liberation»). Ora, è vero che il premier non lo elegge l'«Economist». Ammettiamo pure che ci sia prevenzione verso il Cavaliere. Ma qualsiasi persona di buon senso si preoccuperebbe e si chiederebbe perché tanta ostilità da parte della stampa internazionale con orientamenti politici così diversi, in Paesi così distanti, con una rappresentanza di interessi tanto eterogenei che vanno dal grande capitale ai consumatori. Se invece di rispondere e di chiarire si urla al complotto, si diventa risibili e si dà la dimostrazione che non si vuole né chiarire né rispondere alle domande. Appena il Cavaliere ha vinto le elezioni, mentre nel nostro Paese, com'è costume consolidato, i più salivano sul carro del vincitore, l'«Economist» tornava alla carica con una terribile vignetta che ha per titolo «L'Europa saluta Silvio Berlusconi», nella quale si vede il Cavaliere con un enorme pesce marcio e puzzolente in testa, sul quale sono scritte le parole Conflitto di interesse, Corruzione ecc. mentre i capi di Stato e di governo dell'Unione, tenendosi a debita distanza, dicono: «Dagli tu il benvenuto! Dopo di te, risponde il primo e uno dopo l'altro rispondono allo stesso modo: dopo di te!» Nel mese di agosto, sempre il maledetto l'«Economist», commentando il disegno di legge sul falso in bilancio, ha scritto che «il testo farebbe vergognare persino gli elettori di una Repubblica delle banane». Il Cavaliere e i suoi sodali reagiscono come sempre, alcuni commentatori politici alzano la bandiera del patriottismo e questa volta corre in soccorso del vincitore nientemeno che l'Avvocato Agnelli, il quale ha già trovato a Berlusconi il ministro giusto per la Farnesina e si prepara a incassare il gradimento del governo sull'affare Montedison. L'Avvocato, poco previdente, poi si pentirà per la brutta fine che il Cavaliere riserva a Ruggiero. Intanto il bombardamento continua senza soste. «Ciò che aveva segnato le dittature del terzo mondo improvvisamente è accaduto in un Paese della Nato, un membro della Comunità, una nazione di grande cultura, un luogo felice di vacanze» («Der Spiegel»); «Berlusconi ha convocato una conferenza stampa per darsi i voti sui primi cento giorni di governo. E come il presidente Bush, che tanto ammira, si è dato voti altissimi» («New York Times»). Si può dire che ogni dichiarazione del Cavaliere diventa una gaffe, ogni atto di governo una débâcle: dalla dichiarazione sulla inferiorità dell'Islam all'approvazione della legge sulle rogatorie, la grande stampa le presenta come una unica, inevitabile Caporetto. «Il primo ministro Berlusconi ha umiliato il suo Paese con la pericolosa sparata sull'Islam. Sono parole totalmente inaccettabili. Il premier dice che lo hanno citato fuori contesto. In questo ha ragione: il suo contesto è un altro secolo» («Washington Post»); «I governi europei manifestano una certa irritazione per il modo in cui l'Italia rende più difficile la cooperazione giudiziaria. Dopo il terrorismo a New York gli altri Paesi seguono la strada opposta» («Financial Times»); «I politici italiani si comportano spesso come se fossero al di sopra della legge e gli italiani hanno la tendenza a prendere alla leggera i comportamenti corrotti dei loro leader» («Business Week»); «Berlusconi, uno degli uomini più ricchi del mondo, è stato eletto malgrado i procedimenti per corruzione che risalgono alla metà degli anni Novanta» («Los Angeles Times»); «Una ragione per l'accoglienza di basso tono a Washington, naturalmente, sono stati proprio i recenti commenti di Mr Berlusconi sull'Occidente e l'Islam» («New York Times»); «Disprezzato in Europa, Berlusconi ha poco da perdere rompendo con gli altri Paesi dell'Ue sullo scudo spaziale. Si illude di diventare l'anello decisivo nelle relazioni transatlantiche» («Newsweek»); «La sua recente visita alla Commissione europea è servita solo per accumulare gaffe con le quali si sta guadagnando la sua già riconosciuta fama di statista di cui non c'è da fidarsi» («ABC», destra).

Potrei continuare riempiendo pagine intere solo con quanto ho letto io, che è solo una parte dei commenti. Il quadro che emerge è impressionante e umiliante per noi cittadini italiani. Sono giornali letti da milioni di persone in tutto il mondo, anche dagli italiani all'estero, i cui commenti vengono amplificati dalle televisioni dei rispettivi Paesi. Come si fa a rimanere indifferenti? Eppure sembra che non accada nulla perché la maggioranza degli italiani non è informata. Il Cavaliere potrebbe dire che dei giudizi sprezzanti sul suo governo non gliene importa più di tanto. Potrebbe uscire persino dall'Unione Europea e pensare a una politica autarchica come fece il fascismo. Ma se un giorno sì e l'altro pure, anche dopo avere licenziato Ruggiero, afferma che la nostra stella polare è l'Europa, non può inventarsi che in Europa è un leader stimato, cosa che ripetono come ventriloqui i suoi ministri, anche quelli come Tremonti che per capacità di senso critico e l'autonomia di ogni tipo non dovrebbe mai accodarsi. L'ultima ondata di attacchi, in ordine di tempo, arriva dopo la contestazione del governo al mandato di cattura europeo. «L'ostinazione di Berlusconi fa pensare che in Italia certi personaggi nascondano degli scheletri nei loro armadi» («La Libre Belgique», cattolico); «L'Italia isolata per il rifiuto del mandato di cattura» («Financial Times»); «Le leggi Berlusconi falciano la democrazia» («Hebdomadaire-Telerama»); «Berlusconi legalizza la frode in colletto bianco» («Le Nouvel Observateur"); «Sua Emittenza il re delle leggi su misura per lui»

(«Liberation»); «Berlusconi pare volersi proteggere da un rilancio dell'iniziativa giudiziaria contro di lui» («Le Figaro», destra). In Italia le cose continuano facendo finta che tutto sommato si può andare avanti lo stesso in un clima di attacchi al capo del governo che non hanno precedenti nella storia della Repubblica e del conseguente grave deterioramento dell'immagine internazionale dell'Italia. Sembra ormai che i giornalisti degli altri Paesi aspettino al varco il Cavaliere per spararagli addosso. E siccome lui non risponde, ogni volta minaccia di non incontrarli più.

Solo in Thailandia esiste una situazione simile alla nostra. Capo del governo è il miliardario e magnate dell'informazione, Thaksin Shinawatra, il quale il 17 agosto ha dichiarato: «È strano che un leader eletto con 11 milioni di voti debba piegarsi alle sentenze della Commissione anticorruzione e ai dettami dei tribunali». Sembra un clone del Cavaliere. Il «New York Times», che non si occupa solo di Berlusconi, ma di tutti gli uomini politici che usano il potere per fini personali e si sottraggono alla legge, perché ritengono che il voto cancelli diritto e reati, l'8 dicembre ha commentato con queste parole lo scherzo che il re ha riservato al primo ministro: «Per un uomo come il primo ministro thailandese che detesta anche la più piccola critica non poteva andare peggio. Dicono i presenti che a mano a mano che ascoltava diventava sempre più rosso. King Bhumibol ha 74 anni e un enorme prestigio nel suo Paese, anche se non ha costituzionalmente potere politico. Il re, sempre rivolgendosi al primo ministro, ha parlato di doppio standard (Thaksin non vuole essere giudicato come ogni altro cittadino) di arroganza, del pericolo che le divisioni da lui portate nel Paese possano finire in una catastrofe nazionale. Quando ha parlato del volto imbronciato del primo ministro nella sala si è sentita solo la risata nervosa degli ufficiali di corte. «Forse mi sto sbagliando», ha continuato il re, «forse il primo ministro ride fuori ma è angosciato dentro per i guasti che sta facendo al Paese.» Sembrava un discorso fatto apposta per l'Italia. Solo che essendo la nostra una Repubblica dovrebbe farlo Ciampi. Nel clima autarchico del «chi se ne frega» dell'«Economist», sul «Corriere della Sera», una voce moderata come quella di Paolo Mieli, ha consigliato al Cavaliere di non sottovalutare la stampa estera. E per convincerlo gli ha ricordato le vicende di Ferdinando II di Borbone, passato alla storia come il «Re bomba», raccontate in un libro di Giuseppe Campolieti, che ho letto l'estate scorsa, nel quale l'autore parla, con dovizia di particolari, delle lettere che William Gladstone inviava da Napoli al primo ministro inglese George Hamilton, pubblicate a Londra nel 1851, e come in esse il regno dei Borboni venisse definito «la negazione di Dio eretta a sistema». «Non voglio vederle, non conosco l'inglese, non mi interessano», diceva Ferdinando. La campagna di stampa, ricorda Mieli, fu molto violenta ed esiziale per le sorti della monarchia. Morale: prestare attenzione a quel che viene pubblicato sui giornali all'estero è un momento fondamentale dell'esercizio dell'arte di governo. Il consiglio di Mieli è ottimo e di buon senso, ma non tiene conto della condizione giudiziaria di Berlusconi e dei suoi vincoli e, poi, al contrario di Ferdinando II, non può scegliersi nemmeno i giudici che vorrebbe.

Di fronte al tentativo di far sembrare che tutto vada bene, alcuni miracoli comunque si sono già verificati. Berlusconi ha ricompattato la magistratura. Forse riuscirà a ricompattare il sindacato. E, anche, ma è più difficile, riuscirà a rompere la Confindustria. Invece, non è ancora riuscito a ricompattare l'opposizione e questa è la sua più grande fortuna.

Il ministro elettrotecnico

Si sa che il ministro Castelli occupa un posto speciale nel cuore del Cavaliere, il quale lo segue passo passo per insegnargli il mestiere del ministro e lui lo ricambia mettendogli a posto il transistor che il Cavaliere usa per le partite del Milan quando non può andare allo stadio.

Il Cavaliere ogni mattina, con un motociclista di Palazzo Chigi, manda il «mattinale» a Castelli e gli spiega i compiti della giornata. La prima volta che l'ha fatto gli ha mandato anche questa lettera:

Caro Roberto, tu sai quanto mi sta a cuore la tua persona e, soprattutto, il tuo ministero. Io l'ho affidato a te, non perché me l'ha chiesto l'Umberto, che a lui avrei potuto dare un'altra cosa e sistemargli un altro amico che gli sta a cuore, per esempio Calderoli, ma perché ho la massima fiducia in te. Tu devi fare come gli attori i quali, come ci ha insegnato Gassman in tv, devono essere come una pagina bianca così assorbono meglio la lezione. E siccome sei ingegnere e di giustizia non te ne sei mai occupato, sono certo che puoi fare meglio di tanti altri, perché la tua mente è sgombra da qualsiasi cognizione e prevenzione che potrebbero essere pericolose. Naturalmente ti devi applicare e siccome io non sono sempre vicino a te, ti do alcuni consigli che ti prego di seguire alla lettera:

1. Caccia subito dal ministero tutti i giudici comunisti o che sono parenti di comunisti o che sono

stati invitati a cena o hanno preso l'aperitivo al bar con un comunista. Sembra una raccomandazione superflua, però in passato l'Umberto e Maroni hanno sottovalutato le mie indicazioni e guarda come siamo finiti. Abbiamo dovuto aspettare 7 anni per ritornare a Palazzo Chigi e abbiamo corso il rischio di andare in galera, io per la corruzione dei giudici di Roma, che non so neanche chi sono, perché questi pasticci li fa sempre Cesare e l'Umberto per sovversione e, non so bene come si chiama il reato, tradimento della Costituzione o giù di lì.

2. Lascia stare tutto il resto e applicati al processo SME di Milano. C'è quel giudice con la faccia da bambino che non mi è simpatico per niente il quale dopo avere chiesto il trasferimento ad un altro ufficio, ora, per incastrarmi, vuole rimanere e sta provocando un casino infernale. E poi hanno chiamato a testimoniare quella signora e non dico di più, perché mia moglie che difende sempre le donne poi mi fa la ramanzina davanti ai figli. Sul processo SME non devi mollare qualsiasi cosa dicano e succeda. Tanto i nostri avvocati, che sono anche colleghi e li ho fatti eleggere apposta, sanno cosa fare e vedrai che alla fine la spuntano e ne usciamo con una bella prescrizione che poi io mi vendo come una grande assoluzione. Ne ho già parlato con Fede, Liguori e

un altro, che non ti posso dire perché è un Jolly, e non aspettano l'ora per mettersi in moto.

3. Attenzione ai tuoi collaboratori. Mi dicono che c'è n'è una preparata e che ha sempre lavorato a Roma perciò sa come va il mondo. Non perdere tempo e prendila subito. Anche se ti dicono che è la moglie di uno che lavora alla Rai fregatene, perché è amico mio.
4. Preparati un po' e cerca di camuffare l'accento padano perché se no qualche giornalista rompiscatole dice che non conosci il diritto e questo lo sanno tutti e passi perché sei ingegnere. Vorrei vedere loro se sanno mettere a posto un transistor. Dicono anche che non sai la differenza tra un magistrato e un giudice e anche su questo ci difendiamo bene. Ma se cominciano a dire che non parli bene in italiano e poi Rutelli lo fa sapere agli amici di Ruggiero in Europa, rischiamo una magra. Stai attento perché i servizi segreti mi hanno detto che vogliono prenderti in castagna. Magari inventati anche una parente napoletana come ha fatto l'Umberto, se no rischiamo che ti danno anche del razzista. Perciò, ti raccomando ancora l'italiano.
5. Non ti occupare di mafia, per il momento, perché prima dobbiamo concludere il processo SME. Ne parliamo poi insieme. D'altronde hai visto che quelli lì non sparano più. Poi ti spie-

gherò che nella mafia ci sono le correnti e quella vincente è anche pacifica e vuole fare solo affari, non vuole sparare e noi sugli affari andiamo sul velluto. Vedrai che fra poco nella Cupola ci saranno fior di tecnici che usciranno dalla Bocconi e poi gli fanno fare anche un master in economia ad Harvard. Se li vogliono prima, possono prenderli anche nelle aziende private e la Fininvest non si sottrarrebbe di certo perché il Meridionalismo noi ce l'abbiamo nel sangue. Insomma sono fiducioso e ottimista e fare queste cose con te, e non con Marcello, è un grande guadagno di immagine perché su di te nessuno, nemmeno i comunisti, può insinuare niente.

Naturalmente, tu lo sai che il mio credo è che i collaboratori devono essere sempre gratificati e i miei lo sono sempre stati, perciò sono così fedeli e io li ho persino sgravati di responsabilità che ho scaricato su Paolino. Per questo mi vogliono bene davvero e su di loro potrò sempre contare. Quanto prima ti inviterò ad Arcore. Ma ti raccomando, non venire in canottiera, come ha fatto l'Umberto. Giacca e cravatta, meglio se firmata, e se non ce l'hai, te la regalo io insieme a un bell'orologio d'oro da polso. Se no Veronica che alle buone maniere ci tiene e tiene lontani i figli dalle volgarità, si arrabbia. E già mi bacchetta perché vedo i film un po' spinti e me l'ha proibito e anche le barzellette un po' grasse che tu sai mi piacciono tanto. Perciò ti raccomando.

Ti abbraccio
Tuo Silvio

Gli Smemorati di Arcore e dintorni

Cambiare opinione, anche sugli uomini, in politica è legittimo e, qualche volta, anche auspicabile. Gli Smemorati sono coloro che non ricordano, o meglio non vogliono ricordare, quanto hanno detto in precedenza, ma solo per convenienza. Sono capaci di cambiare opinioni e posizioni politiche e di ribaltare i giudizi sulla moralità delle persone, senza battere ciglio. L'Italia, si sa, è la patria del trasformismo. Nella storia del Paese se ne sono viste di tutti i colori. Ma il livello di disinvoltura al quale abbiamo assistito negli anni Novanta, fino a oggi, è sconvolgente e umiliante, non solo per chi pronuncia parole in libertà, ma soprattutto per le istituzioni che rappresenta. Dalla carrellata di politici contenuta, per ragioni di spazio e di tempo, e dalle cose che hanno detto prima e dopo, dagli atti che hanno compiuto prima e dopo, dalle frequentazioni che hanno avuto prima e dopo, dalle alleanze personali e politiche che hanno fatto prima e dopo, si deduce che le parole non solo non sono «pietre», ma non valgono nulla. Si può dire impunemente tutto e il contrario di tutto, perché si sa che non si paga né per il proprio partito né per se stessi.

I capovolgimenti di linea e di opinione sulle persone riguardano le vicende di Tangentopoli e le vicende politiche che si sono intrecciate con quelle giudiziarie o che sono state parallele.

Quali sono le accuse più ricorrenti nei confronti dei magistrati di Milano? Che hanno fatto politica, hanno usato la toga non per perseguire responsabilità penali personali come dice la Costituzione, ma per azzerare l'intera classe dirigente della prima Repubblica e per fare carriera.

«A Milano, occorre mandare a casa il **governissimo dei ladroni**, il **ladronissimo**, Dc-Psi-Psdi, che ha inquinato la pubblica amministrazione milanese» (Ansa, 3 maggio 1992). Chi è il signore che chiede di utilizzare le inchieste giudiziarie per la sua rivincita politica? È Gianfranco Fini. «Otto proposte di legge, raccolte di firma in appoggio delle "Liste Di Pietro", azione di denuncia da parte di tutti i rappresentanti missini contro la collusione tra politica e malaffare» (Ansa, 12 maggio 1992). È sempre Fini che politicizza l'azione della magistratura e parla addirittura di «Liste Di Pietro»: quali?, di grazia, nel 1992, quando Di Pietro era reduce dal «crumiraggio» contro lo sciopero dei magistrati e aveva persino messo fuori della porta un cartello con su scritto che i magistrati non scioperano. L'avviso di garanzia a Craxi **«non è solo la fine di un leader** ma la fine ingloriosa di un regime in cui i segretari dei partiti di governo hanno accumulato negli anni più potere di qualsiasi dittatore» (Ansa, 15 dicembre 1992). L'autore è sempre Fini. Ma come? Un avviso di garanzia a Craxi, che era incensurato, costituisce la fine di un leader. Non hanno sostenuto che persino una condanna di Berlusconi per corruzione dei giudici romani non cambierebbe nulla? E poi, se la magistratura ha perseguito personaggi politici corrotti che avevano avuto più potere di qualsiasi dittatore, non dovrebbe essere apprezzata per questo? **«Che nella vergogna della questione morale sprofondi Craxi è giusto; che presumano di rimanere fuori i segretari della Dc, del Pds e del Pri, è ridicolo»** (Ansa, 14 gennaio 1993). Sì, l'autore non cambia. Ma con questa dichiarazione supera ogni limite, perché istiga i magistrati del Pool a operare per fini politici e non di giustizia. È Fini che vuole usare l'inchiesta per liquidare tutti i suoi avversari politici. Ma non è finita. C'è di peggio: **«Il suicidio di Gardini è la fine del regime. A questo punto è difficile credere che certi suicidi siano motivati solo dalle compromissioni nelle inchieste sulle tangenti**. Bisogna verificare se c'è dell'altro e di ben più grave. Se la politica sia alleata con mafia e camorra, chi può escludere compromissioni e patti di sangue tra finanza e malavita?» (Ansa,

23 luglio 1993). Fini non si ferma nemmeno davanti ai morti per suicidio. Vuole che il Pool di Milano diventi il tribunale rivoluzionario di Saint Just e senza passare per il giudice terzo emetta le sentenze. Ma non nei confronti di una singola persona per volta. Le vuole nei confronti di interi partiti. La logica è: se si sono frequentati, sono tutti colpevoli. Nel 1994 Fini, che ha già ricevuto il battesimo di Berlusconi, quando si è presentato candidato a sindaco di Roma, comincia a cambiare: «Sorge il dubbio che tra alcuni magistrati e tra alcune Procure ci sia chi non resiste alla tentazione di intervenire nella campagna elettorale e che questi appartengano a un settore sensibile alle idee del fronte progressista». Fini è un'altra persona. Ha dimenticato di avere offerto a Davigo un posto di ministro nell'eventualità che il Polo vinca le elezioni. Di avere fatto di tutto per tirarsi dalla sua Di Pietro, al punto che ha inventato un'apposita responsabilità nell'Esecutivo del Partito affidata a Tremaglia, perché non lo molli un attimo e combini gli incontri con lui. Ha impegnato l'ufficio stampa di An per accreditare la voce che lui e Di Pietro si incontrano come due vecchi amici.

Se Fini è stato un supporter ultrà di Mani Pulite, Bossi, finché non è stato inquisito e condannato, si è comportato allo stesso modo. Ha augurato a Di Pietro di andare avanti «a tutta manetta». «Sono convinto», ha aggiunto, **«che se la Lega non fosse riuscita a operare certi cambiamenti, ora Di Pietro, sarebbe in un pilastro di cemento armato.»** È sufficiente essere indagati dal magistrato al quale si riconosce di avere rischiato la vita per fare il proprio dovere per chiederne l'arresto il giorno dopo? E, soprattutto, quando l'indagine è stata confermata in tutti i gradi di giudizio? No, non solo non è sufficiente, ma è indecente.

«Come nella caduta di altri regimi occorre una nuova Resistenza, un nuovo riscatto e poi una vera radicale impietosa epurazione... Il processo è già cominciato e per buona parte dell'opinione pubblica già chiuso con una condanna» («La Stampa», 19 luglio 1992). Firmato Marcello Pera, ora presidente del Senato, liberale Doc. E se non fosse stato liberale, cosa avrebbe chiesto? Il campo di concentramento per i tangentisti e le loro famiglie e poi le camere a gas. **«Un'amnistia dei politici ai politici non è solo impensabile, perché provoca indignazione e sdegno nella gente: essa è anche impraticabile**. Perché l'amnistia si dà a categorie specifiche di malfattori, mentre qui si tratta di un intero sistema... Quei politici che come Craxi attaccano i magistrati di Milano mostrano di non capire la sostanza grave, epocale, del fenomeno» («La Stampa», 19 luglio 1992). Poi il tocco finale da grande conformista: «**Resta naturalmente il baluardo della magistratura**. Ma come si vede, proprio in questi giorni in cui l'onorevole Martinazzoli grida al complotto, i partiti che governano hanno tentato un decreto spugna e l'onorevole Craxi si è industriato a denigrare i giudici» (9 aprile 1993).

Tralascio le dichiarazioni del Cavaliere, alcune delle quali sono riportate in altra parte del libro.

Ritengo che sia sufficiente per chiedersi: perché costoro, se erano convinti di avere sbagliato, non hanno fatto autocritica e non hanno detto su che cosa hanno sbagliato e perché. La verità è che sono loro e non gli altri che hanno fatto di tutto per usare le inchieste per fini politici e dopo averle usate con vantaggio, in nome della «legge e dell'ordine», ora sparano contro la magistratura e fanno carriera in nome del garantismo. Non si capirebbe altrimenti la difesa a oltranza del Cavaliere, il sostegno e la partecipazione al governo, al costo di rinnegare tutta la propria storia personale e politica, l'attacco scriteriato e violento alla magistratura, fino a ieri ritenuta «l'unico baluardo» capace di salvare la democrazia dalla voracità dei partiti, la battaglia per fare due giustizie: una per i cittadini comuni e una per i politici: la giustizia dell'Italia Loro.

Non si spiega perché il centro-sinistra non abbia reagito in tempo denunciando di fronte alla pubblica opinione comportamenti tanto indecenti quanto ingiustificabili persino nella tradizione della peggiore politica del nostro Paese. E non si dica che le contraddizioni dei leader del centro-sinistra lo hanno impedito. Perché, per quanto grandi siano state le contraddizioni, e ci sono state eccome!, nulla hanno a che spartire con l'appiattimento di Bossi e di Fini su Berlusconi e con quanto sta facendo il governo del Cavaliere.

Ci si chiede quale, al di là delle differenze politiche, possa essere l'affidabilità di tali personaggi, non tanto verso l'opposizione, ma per l'esercizio della democrazia e la sicurezza di quanti non la pensano e non si comportano come loro.

Una pagina ancora più disgustosa è quella dei rapporti pubblici tra Bossi, il Cavaliere e Fini, Smemorati truculenti, nel periodo che va dalla crisi del governo Berlusconi, provocata da Bossi, alla nuova santa alleanza contro i giudici e per la spartizione del potere. Scelgo fior da fiore perché altrimenti dovrei scrivere una enciclopedia. Il più violento è Bossi: **«La Fininvest è nata da Cosa Nostra... Berlusconi è l'uomo di Cosa Nostra. L'anomalia è tutta lì**. La Fininvest ha un mucchio di holding di cui sedici occulte. Furono fatte nascere da una banca di Palermo a Milano. La banca Rasini. E a Palermo hanno preso un meneghino per rappresentare i loro interessi. **Il Cavaliere, il mafioso di Arcore, invece di essere in galera è rimasto in Parlamento a farsi i suoi affari, a vendere voti e a comprare i parlamentari** («La Stampa», 24 ottobre 1998). E pensare che il Cavaliere e i suoi amici per l'*Odore dei soldi* dicono di essersi offesi e hanno chiesto danni per miliardi, anche se nel libro non c'è una sola parola che possa somigliare a quelle pronunciate da Bossi, il quale, per premio, è stato imbarcato nel governo. La cosa si spiega: il Cavaliere sa con chi può trattare e con chi non può farlo. Qualcuno potrebbe pensare che le dichiarazioni di Bossi sono state fatte quando era alle prime armi del federalismo, che il Cavaliere non le conosceva e che i reati si sono prescritti. Neanche per sogno. Siamo nell'anno del Signore 1998. In quell'anno Bossi affermava senza tema di smentite che, infatti, non ha ricevuto, che Berlusconi era mafioso e che la Fininvest era una costola di Cosa Nostra. «**Il Polo per le origini mafiose della ricchezza di Berlusconi gravita su Palermo. Il palermitano Berlusconi che è il capo di Forza Italia, un partito creato da Dell'Utri, inquisito per mafia, con i suoi mezzi senza limiti, tiene in vita tutti i partiti del Polo** (ora anche la Lega?)» (Discorso al convegno della Lega Nord, 24-25 ottobre 1998). «Ci risponda il Cavaliere. Da dove vengono i suoi soldi? Ci sono migliaia di giovani al Nord che sono morti a causa della droga» («La Padania», 10 novembre 1998). Le sparate di Bossi sono del 1998. E anche il suo impegno solenne: **«Mai accordi con Berlusconi il mafioso»** («La Stampa», 9 giugno 1998). D'altronde, come avrebbe potuto, dopo avere affermato che «la Fininvest è un'impresa che mette in pericolo la democrazia in questo Paese, che Berlusconi dovrebbe essere in carcere e che il Nord non sarebbe mai caduto nelle mani della mafia, "mai", urlando all'indirizzo del Cavaliere: "Canaglia di Arcore! Mafioso! Padrino! Figlio di Cosa Nostra!"» (Ansa, 15 marzo 1995, intervista a «Die Woche» e «La Stampa», 10 aprile 1995). Bossi era veramente fuori dalla grazia di Dio se nel 1995 era arrivato ad affermare: «Mi vergogno di essere lombardo e di avere una città come Milano, capitale del Nord, che ha dato il 13 per cento ai fascisti. Ma possibile che non abbiano ancora capito che la canaglia di Arcore è un uomo legato a Cosa Nostra?» (Ansa, 29 aprile 1995). E Berlusconi? Il Cavaliere si limita a dire che **«Bossi è un capo banda»** e «un furbacchione». Si direbbe che il Cavaliere tema lo scontro con Bossi e che aspetti tempi migliori per giocarsi la partita al tavolo delle trattative, dove è molto più bravo e vince sempre perché usa argomenti molto convincenti. Per dovere d'ufficio il Cavaliere denuncia Bossi e chiede 6 miliardi di danni (ottobre 1998). Ma quando le nuvole si diradano, dimentica di essere stato chiamato mille volte mafioso e ritira la denuncia perché è arrivato il tempo delle colombe e del «tavolino» per trattare.

Fini è più cattivo di Bossi e non gliene perdona una. «**Bossi? So che ha un cuore perché ha avuto un infarto. Aspetto l'ictus per vedere se ha un cervello**» («La Stampa», 30 gennaio 1994) Si vede che tra alleati si stimano e si rispettano! Bossi incassa e replica per le rime: «Fini è un fascista, un politico senza spessore, un segretario mal riuscito e **un candidato che non è mio alleato e non lo sarà mai**, al Nord prenderà solo stangate, e al Sud voti vergognosi come quelli della Germania Est» («Il Messaggero», 1° marzo 1994). Occhio alle date: siamo nel mese di marzo del 1994 e da lì a due mesi governeranno insieme. Si insultano persino mentre stanno facendo le liste. Per Fini il problema non è la Lega, ma «**Bossi, al quale consiglio, d'accordo con Berlusconi, di fare l'antidoping**» («La Stampa», 18 marzo 1994). Francamente mi sembra un po' troppo perché so che Bossi non si droga e beve solo birra. Ma Bossi non se la tiene e risponde per le rime dicendo che

«**Fini è un cretino**, che fa il ventriloquo e dice quello che gli dice Berlusconi» («Il Messaggero», 22 marzo 1994). Gli insulti continuano senza tregua anche dopo che Berlusconi ha rinunciato «per magnanimità» alla causa contro Bossi, negli anni '95, '96, '97, '98 e '99. Di giorno si insultavano e lavavano i panni sporchi in pubblico e di sera trattavano alleanze, posti, finanziamenti, non nel bar sport di Gemonio, ma nella villa di Arcore, dove in pochi hanno saputo resistere alle seduzioni di ogni tipo del Cavaliere e questa volta non c'è l'ha fatta neanche Bossi, che pure sembrava coriaceo e ben difeso da se stesso.

Anche le holding del Cavaliere sono state al centro dell'interessamento della Lega e della «Padania», il giornale leghista, nato anticonformista e rivoluzionario e finito in doppio petto. Quando il giornale era cattivo, incalzava il Cavaliere con domande all'acido solforico sulle holding che hanno partorito la Fininvest e, siccome Lui non rispondeva, si dava anche le risposte. «Berlusconi, sei un mafioso?; «Chi si nascondeva dietro le finanziarie di Lugano?»; «Da dove prese, chi le diede, in che modo entrò in possesso, signor Berlusconi, di queste fortissime somme in contanti? Risponda. Lo spieghi.» «Sapeva di avere sfiorato i vertici della mafia?»

Questo è solo un piccolo campionario di domande che la «Padania» rivolgeva a Berlusconi, il quale per «magnanimità», non solo non querelava il giornale con ampia facoltà di prove, ma tesseva la tela dell'accordo: prima gli affari e il potere, poi tutto il resto, tanto, le accuse più pesanti e gli insulti più velenosi si lavano come i vestiti in lavanderia. E poi, la dignità, l'onorabilità, la rispettabilità, sono importanti, è vero, ma la politica è un'altra cosa.

Tra gli Smemorati, cani sciolti, senza collare, va ricordato anche Taormina perché sta preparando le proposte per annullare i processi dei politici e calza a pennello. «La presenza di Berlusconi in politica danneggia l'evoluzione del Paese verso una condizione di stabilità e rischia di disperdere il patrimonio elettorale di Forza Italia.» Era il maggio del 1998. Il Cavaliere deve avere ingurgitato la pillola amara pensando che prima o dopo anche quell'Avvocato sarebbe andato a Canossa. Era veramente troppo perché lo sanno tutti che senza il Cavaliere, i suoi soldi e le sue televisioni, i suoi cabarettisti e i suoi dipendenti, Forza Italia si dimezza. L'Avvocato non era d'accordo che si affondasse la Bicamerale e che si facessero «**spedizioni punitive contro i magistrati che si azzardano a intraprendere azioni penali per gravissime corruzioni in atti giudiziari**». Sic! Perché Taormina ha cambiato posizione di 360 gradi? Cosa c'è di nuovo rispetto ai tempi della sua vibrata protesta se non che Berlusconi e Previti non vogliono farsi processare? Come fa oggi Taormina a chiedere che «saltino i processi in corso», quando proprio per questi processi polemizzava con Berlusconi? Anche l'avvocato Taormina precettato per convenienza? «**Il Paese è stanco di leggere ogni giorno tra le pagine di qualsiasi quotidiano delle risse giudiziarie tra il leader dell'opposizione e una magistratura, pur non immune da errori, che deve essere riorganizzata e non aggredita fuori misura e al di là delle regole dei processi**.» Quale aggressione è più intollerabile di quella che oggi preannuncia Taormina sui processi del presidente del Consiglio e del suo amico Previti? Mi chiedo come possa spiegarlo agli studenti e darne ragione se uno solo dovesse porgli la domanda e mi piacerebbe essere in aula con gli studenti. A meno che Taormina non abbia nostalgia dello Statuto e del decreto Rattazzi del 1859. Ma allora c'era il re e la monarchia costituzionale era di là da venire. Taormina dice che i PM hanno sbagliato a individuare gli imputati perché l'imputato dovrebbe essere Prodi. Prodi, se mai, può essere chiamato in causa per la proposta di vendita della SME e per il prezzo. Ma cosa c'entra con la corruzione dei giudici romani? Se anche la valutazione dell'IRI di Prodi, che gli uomini del Polo vogliono tirare dentro a tutti i costi, fosse stata sbagliata, questo scaricherebbe di responsabilità chi ha corrotto i giudici passando decine di miliardi di mazzette? Ma non fa schifo all'avvocato Taormina la corruzione dei giudici romani che egli stesso aveva definito gravissima con parole riportate in altra parte di questo libro? Altri tempi e altri interessi evidentemente! Ma è possibile che in questa grande coalizione che ha vinto le elezioni non si levi una voce, una sola, per difendere la dignità della politica e per dire agli Smemorati che farebbero meglio a tacere? Era proprio Taormina che nel 1998 invitava Berlusconi a fare un passo indietro perché «il suo conflitto permanente di interessi tra politica e magistratura, da una parte, e la ricerca di una personale libertà dai processi dall'altra, impedisce la soluzione della questione giustizia e la formazione di una politica di centro». Altro che Toghe Rosse e politicizzate! La causa della mancata soluzione della questione giustizia era dunque Berlusconi. Noi lo sapevamo. Ma detto da Taormina, anche se oggi dice il contrario, senza argomentare, è importante perché prima o dopo tutti i nodi vengono al pettine. E personalmente sono certo che il Cavaliere pagherà in termini politici e personali.

Tra i giornalisti scelgo un solo caso di Smemorato, Maurizio Belpietro, perché dirige il «Giornale della Famiglia», è in prima linea e passa da una televisione all'altra. Nel 1992-93 era il vice di Feltri all'«Indipendente», sul quale ho scritto finché il direttore non è passato al «Giornale», e, quindi, di fatto, faceva il giornale. Riporto solo alcuni titoli perché sono sufficienti a dare il segno della smemoratezza di oggi: «Tutto il regime in manette», con sottotitolo «Il vero volto dei partiti», fotografia di Colucci assessore regionale della Lombardia sorretto da due carabinieri e un articolo dell'«Economist», l'odiato «Economist»! che titolava: «Nessuna differenza tra i politici romani e i mafiosi»; «A San Vittore i giganti dell'edilizia» con un articolo di fondo di Feltri: «A Craxi e alla sua famiglia ricordiamo che....», con questo attacco: «Non so se Craxi mi iscriverà nella lista degli sciacalli e degli ipocriti. Mi basta non essere finito nell'elenco dei ladri che è molto lungo»; «Tangenti, suicida per vergogna». Era Renato Amorese segretario del Psi di Lodi.

L'ultimo Smemorato è Giulio Tremonti. Uno Smemorato che non usa l'accetta della volgarità. Se mai, con civetteria, cita Marx, possibilmente in inglese, e gli illuministi, che francamente non ho mai capito cosa c'entrino con Previti, con Dell'Utri e con Mangano. Mi piace ricordare il

Tremonti che faceva la corte ai magistrati del Pool, partecipava alle nostre riunioni quando parlavamo della possibilità di fare il Movimento, scriveva di suo pugno il decreto legge sul SIS, autorità di controllo dei patrimoni dei dipendenti del ministero delle Finanze, con divisa e non, e faceva di tutto per farlo approvare e per affidarne la direzione a Di Pietro. Il Tremonti che aveva preparato il libro bianco sul fisco, allo scadere del governo Berlusconi, che fu accolto malissimo perché veniva considerato «comunista». La sua ricetta allora era: tassare le rendite finanziarie, introdurre la patrimoniale (spostare le tasse dalle persone alle cose), abolire il segreto bancario. Altri tempi anche per lui. Il Cavaliere è stato più bravo di tutti e più convincente di Marx e di Voltaire.

Gli insulti contenuti nelle interviste e nelle dichiarazioni si commentano da soli. Ma le affermazioni contenute negli interventi pronunciati alla Camera e al Senato, riguardanti questioni fondamentali, come l'immunità parlamentare e l'eguaglianza dei cittadini di fronte alla legge, e i capovolgimenti di fronte di oggi, sono ancora più inquietanti. Francesco Bonito sull'«Unità» del 21 gennaio ricorda la storia dell'immunità parlamentare, le ragioni per le quali i Costituenti la vollero e le vicende per le quali si è trasformata negli anni in una spudorata impunità fino al punto che nella XIII legislatura, alla data del 15 marzo 1999 (dati più recenti Bonito non ne ha potuti trovare), su 240 procedimenti giudiziari sottoposti alla Camera ai fini di una deliberazione in materia di insindacabilità, solo 127 sono stati votati e 111 volte la Camera ha votato l'insindacabilità.

Bonito ricorda gli interventi di Fini, La Russa e Gasparri, in occasione della riforma dell'articolo 68, nel 1993, quando, sotto l'incalzare di Mani Pulite, facevano a gara a demolire i privilegi dei parlamentari: «L'uso dell'immunità e soprattutto l'abuso del diniego dell'autorizzazione a procedere vengono visti dai cittadini e dall'autorità giudiziaria come una sorta di strumento per sottrarsi al corso necessario della giustizia». E Castelli? Anche lui in prima linea, d'accordo con il suo amico Orsenigo, che agitava il cappio, riformatore e moralizzatore: «Da alcuni decenni assistiamo a una inaccettabile degenerazione nell'applicazione dell'immunità parlamentare... in effetti il principio si è pian piano trasformato in un immotivato e ingiustificato privilegio...» E ora cosa fanno? Dipende da quello che chiede il Cavaliere. Il problema fondamentale è avere una magistratura ubbidiente e un ceto politico che si protegge all'interno del Parlamento come nel Medioevo ci si proteggeva nei conventi e nelle chiese.

Etica-Legalità-Giustizia

Mentre concludo questo lavoro, ho l'opportunità di vedere la trasmissione di Santoro sulla giustizia. Santoro, in apertura, sottolinea che non parlerà di quello che gli è capitato nel pomeriggio. Il fatto è noto: poiché tra gli ospiti era stato previsto Marco Travaglio, gli è stato messo il veto perché ha scritto, insieme a me, l'*Odore dei soldi*. Travaglio era presente, ma da chiunque era ben percepibile che stava lì come un sorvegliato speciale. Io non credo che il nostro sia ancora un Regime. Ma ad alcuni di noi, anche perché non abbiamo arresti e inchieste da esibire, l'accesso agli studi televisivi è vietato.

Da alcune interviste raccolte a Milano e dagli interventi di Cirino Pomicino e dell'onorevole Ghedini, avvocato del Cavaliere, è emerso chiaramente che la Procura e i giudici di Milano avrebbero agito per fini politici. Intervistato, Borrelli, in qualche modo è stato costretto a dire che non ha mai avuto simpatie per i comunisti, che da giovane leggeva Croce (anche lui comunista?) e che è un liberale. Per fortuna tre sondaggi Abacus, passati nel silenzio generale, dicono che la stragrande maggioranza dei cittadini è contraria all'amnistia, al blocco dei processi dei politici e al ripristino dell'autorizzazione a procedere per i parlamentari. Forse il Paese, ed è una speranza, è migliore dei politici che ha eletto. Da tutto ciò ricavo che il libro può essere utile perché chiarisce equivoci e ambiguità sui quali il Cavaliere ha costruito la sua fortuna politica.

Comunque vadano le cose sulle questioni aperte, che hanno determinato lo scontro politico di questi mesi e quali che siano le leggi che saranno approvate, che nella peggiore delle ipotesi possono solo aggravare la situazione, il Paese non esce dalle difficoltà, se i problemi riguardanti il potere delle classi dirigenti e i limiti da non oltrepassare; il rapporto tra le decisioni che competono alla politica e quelle che sono di competenza della giustizia penale; il rapporto tra i poteri dello Stato e la separazione dei poteri, tra il consenso elettorale e il diritto, tra la politica e gli affari, non trovano una soluzione di ordine etico, oltre che legislativo.

Quella della magistratura, in occasione dell'anno giudiziario, con la toga sulle spalle, simbolo di imparzialità verso i cittadini e di neutralità verso gli altri poteri dello Stato, è stata una rivolta morale per la semplice ragione che le rivendicazioni politiche e corporative contengono sempre richieste materiali. La magistratura ha parlato di valori universali contenuti nella Costituzione e nelle Convenzioni internazionali e ha chiesto al governo di mantenerli a fondamento della legislazione riguardante i diritti dei cittadini.

Il «Venerdì» di «Repubblica» del 18 gennaio 2002 pubblica 10 interviste ai direttori di grandi giornali, letti da milioni di lettori, che da qualche tempo si occupano dell'Italia. Alcuni di loro hanno sottolineato che nei loro Paesi (Gran Bretagna, Francia, Spagna, Germania) sarebbe impossibile a uno come Berlusconi arrivare a governare. E, non perché lo vietino leggi dello Stato, ma perché la cultura e, soprattutto, l'etica di quei Paesi non lo consente.

Così come sarebbe impossibile che un capo di Stato o di governo potesse rimanere al suo posto da pluriinquisito. Khol per molto meno è uscito dalla politica, la Commissione europea presieduta da Santer si è dovuta dimettere per un piccolo scandalo e, per molto meno, Straus Khan, ministro dell'Economia di Jospin. Nessuna legge lo imponeva. Lo imponeva solo l'abitudine consolidata a comportamenti etici corretti e uno standard medio di etica della responsabilità personale.

Nel nostro Paese ci si ostina a dimenticare

che la prima Repubblica è andata in crisi sul rapporto politica-affari e che una classe dirigente, sorda a qualsiasi discorso di moralità pubblica, è stata licenziata dai cittadini, prima che dai magistrati. Ho avuto modo altre volte di dire che il Partito socialista aveva resistito alla repressione regia di fine secolo, alle carcerazioni e alle persecuzioni fasciste e naziste e non ci sarebbe stato nessun Borrelli del mondo capace di liquidarlo se il livello di moralità dei suoi dirigenti fosse stato decente.

La verità è che in omaggio a certo machiavellismo deteriore si è sempre ritenuto che fini nobili potessero essere conseguiti con mezzi meno nobili. Io concordo con Sylos Labini: mezzi sporchi sporcano anche i fini.

La politica non si fa con la morale, ma come dimostrano i fatti, la politica senza morale è perduta. Il centro-sinistra ha perduto le elezioni anche perché ha dato l'impressione di somigliare troppo a Berlusconi e di tenere in scarsa considerazione la questione morale. Molti errori di valutazione, come quelli che D'Alema, ma non solo lui, ha commesso su Berlusconi, dipendono dall'abitudine consolidata di valutare fatti e uomini politici con un metro che prescinde sempre da giudizi di ordine etico e si avvale solo di giudizi politici. Un esempio tipico della prima Repubblica, che però persiste, riguarda le persone che ogni alleato di una coalizione sceglie, anche se impresentabili, e gli altri partner le accettano senza fiatare.

Alessandro Galante Garrone, su «Micromega», ha rivendicato all'Azionismo di Giustizia e Libertà e al Liberal Socialismo (di Salvemini, dei Fratelli Rosselli, di Ernesto Rossi, di Riccardo Lombardi), una forte etica della responsabilità e ha ricordato le parole di un grande cattolico liberale, Carlo Arturo Jemolo, il quale gli scriveva: «Chi sbaglia dev'esser punito». Mentre, «nell'Italia Formaggino», sono sempre parole di Jemolo, tra perdonisti e garantisti d'accatto, che anche Jemolo avrebbero tacciato di giustizialismo, ognuno scarica le responsabilità e non esiste «alcun collegamento tra delitto e castigo».

Le conseguenze sulla vita pubblica sono tremende e i mali del nostro Paese, che pure sul terreno economico e della ricchezza ha fatto progressi straordinari, stanno lì a testimoniarlo. La legalità è un optional che si manifesta nelle piccole e nelle grandi cose. I comportamenti e gli esempi della classe dirigente, non da oggi, per la verità, non aiutano molto. Non si capisce ad esempio perché dovrebbe osservare le leggi e le regole il ragazzo di periferia di una grande città, l'inquilino di una casa popolare costruita in un ghetto, l'operaio che lavora in nero da una vita, quando non le rispettano quelli che le fanno e che dalla società hanno avuto tutto. Non credo che i comportamenti del capo del governo e dei suoi amici aiutino a combattere una battaglia vincente, contro la criminalità di strada e contro la grande criminalità. Ritengo che l'istigazione alla illegalità renda un grande servizio ai delinquenti comuni, ai criminali e ai mafiosi, perché in qualche modo si sentono autorizzati, se non protetti. Un Parlamento popolato di inquisiti per reati che vanno dall'associazione a delinquere alla corruzione, non è un bell'esempio per il Paese perché anche quando approva leggi giuste, molti cittadini sono indotti a pensare che i deputati e i senatori hanno lavorato per i loro interessi più o meno palesi. E perché i cittadini comuni dovrebbero pagare le tasse, sapendo che gliele chiedono funzionari corrotti e che politici potenti evadono il fisco e i contributi di ogni tipo, falsificando i bilanci delle loro aziende per centinaia o migliaia di miliardi?

Il Cavaliere, quando ha ammesso che alcune sue società avevano falsificato i bilanci per pagare meno tasse, ha aggiunto che non aveva danneggiato nessuno. In una chiesa milanese, durante l'omelia domenicale, il prete, con tono arrabbiato, ha detto che se per il governo falsare i bilanci non è peccato, per la Chiesa lo è. E il cardinale Severino Poletto di Torino, forse perché impressionato dalla ripresa della Tangentopoli torinese, ha ricordato che «chi occupa posti di responsabilità deve sentire che l'onestà e la giustizia sono valori prioritari su tutto» e che questo costituisce un principio fondamentale di moralità.

Legalità e giustizia sono un binomio inscindibile e costitutivo della questione morale. La legalità senza giustizia non ha senso perché anche gli Stati autoritari e totalitari hanno una loro legalità che però non si accompagna mai alla giustizia e la giustizia senza legalità rischia di limitarsi all'intervento repressivo.

La legalità è un elemento centrale della nostra democrazia. La giustizia la rende possibile e praticabile e garantisce l'uguaglianza dei cittadini di fronte alla legge. Una democrazia è tale se è in condizione di trattare i potenti come l'ultimo dei cittadini. Mani Pulite, al di là degli errori che si sono potuti commettere, ma il medico che pure ha nelle sue mani la vita dei malati non ne commette di meno, è stata importante per questo. Un grande vecchio della sinistra e padre della nostra democrazia come Vittorio Foa, capace ancora di indignarsi alla sua veneranda età, ha detto che «vede in Berlusconi un invito alla corruzione, una richiesta al popolo a corrompersi e a corrompere. La politica civile del governo non è solo sbagliata ma infame». Foa non usa mai parole e toni forti. Ma la situazione che si è creata suscita indignazione profonda, soprattutto in chi si è battuto, ha pagato per la libertà, ha lavorato per un Paese pulito e ha condotto una vita pubblica esemplare. Tra il mondo di Foa e quello di Castelli, il quale dichiara candidamente che la legge sul falso in bilancio può benissimo avvantaggiare il presidente del Consiglio, perché una legge va sempre a vantaggio e a svantaggio di qualcuno, c'è l'abisso.

A Castelli voglio ricordare che quando a Cavour, non ancora capo del governo, il ministro degli Esteri austriaco de Bruk mandò in omaggio mille azioni delle ferrovie austriache date in concessione a una società francese con un telegramma di accompagnamento, il conte rispose con un altro telegramma che diceva: «Ringrazio l'eccellenza vostra dell'offerta, ma, da quando sono ministro, ho abbandonato ogni speculazione». Cavour non era uno stinco di santo ma le regole le rispettava.

Io mi sono convinto che esistono tre tipi di politici: quelli che hanno grandi progetti per il loro Paese, hanno l'ambizione di realizzarli e lo fanno rispettando le regole. Ci sono, ma sono rari. Quelli che somigliano ai primi, realizzano cose importanti, ma sono disinvolti e non sempre rispettano le regole. Quelli che cercano di ottenere il consenso con ogni mezzo, ritengono che il consenso cancelli il Diritto e considerano i propri interessi prioritari. Berlusconi appartiene alla terza categoria di politici e sono d'accordo con Montanelli, il quale, prima di morire, ha detto che l'Italia di Berlusconi è la peggiore mai vista. Perché i valori non vi hanno posto, la volgarità dilaga, la moralità pubblica si appanna, il denaro e gli affari diventano valore e metro di misura di tutto, il Pensiero Unico contagia. Tutto ciò diventa modello di comportamento amplificato oltre misura dalla telecrazia imperante.

Le isole

1. Carlo Tussanti, *L'ignoto libertino*
2. Stefano Jesurum, *Raccontalo ai tuoi figli*
3. William Fense Weaver, *Una tenda in questo mondo*
4. Otto Friedrich, *Auschwitz. Storia del lager 1940-1945* (2ª ediz.)
5. Alessandro Galante Garrone, *Un affare di coscienza*
6. Laura Bertelè, *Il tuo corpo ti parla* (5ª ediz.)
7. Fabio Carpi, *Nevermore*
8. Renzo De Felice, *Rosso e Nero* (a cura di Pasquale Chessa) (3ª ediz.)
9. Elio Veltri, *Manifesto per un paese normale* (2ª ediz.)
10. Piergiorgio Bellocchio, *Oggetti smarriti*
11. Régis Debray, *Contro Venezia*
12. Maurizio Costanzo, *La televisione è piccola* (2ª ediz.)
13. Claudio Fava, *Nel nome del padre* (2ª ediz.)
14. Sandra Petrignani, *Ultima India* (2ª ediz.)
15. *Conversazione con Susanna Tamaro. Il respiro quieto* (a cura di Paola Gaglianone)
16. Marco Bellocchio, *Il principe di Homburg* (a cura di Giovanni Spagnoletti)
17. Laura Curino, Gabriele Vacis, *Olivetti. Camillo: alle radici di un sogno*
18. Luigi Comencini, *Infanzia, vocazione ed esperienze di un regista*
19. Jacques Derrida, *Sull'ospitalità*
20. Walter Veltroni, *I care*
21. Laura Bertelè, *Se anche avessi…* (2ª ediz.)
22. Renato Sarti, *I me ciamava per nome: 44.787*
23. Roberto Weber, *I nuovi barbari*
24. Franco Bolelli, *Più mondi. Come e perché diventare globali*
25. Elio Veltri, *Le Toghe Rosse*

Stampato nel febbraio 2002 per conto di
Baldini&Castoldi S.p.A.
da Grafica Veneta S.r.l. - Trebaseleghe (Pd)